Diogenes Taschenbuch 250/28

Friedrich Dürrenmatt

Werkausgabe
in dreißig Bänden

Herausgegeben
in Zusammenarbeit
mit dem Autor

Band 28

Friedrich Dürrenmatt

Politik

Essays, Gedichte
und Reden

Diogenes

Umschlag: Detail aus ›Der Kampf der beiden Alten‹ von
Friedrich Dürrenmatt.
Nachweis der einzelnen Texte am Schluß des Bandes.
Namenregister: Ueli Duttweiler.
Die Texte wurden für diese Ausgabe durchgesehen und
korrigiert. Redaktion: Franz Cavigelli.

Berechtigte Lizenzausgabe mit freundlicher Genehmigung
der Verlags AG ›Die Arche‹, Zürich
Alle Rechte an dieser Edition vorbehalten
Diogenes Verlag AG Zürich, 1980
120/80/8/1
ISBN 3 257 20859 6

Inhalt

Politik

Sätze für Zeitgenossen

1947/48

Daß Dummheit schadet, ist ein eminent politischer Satz.

Die Menschheit hat eine Diät nötig und nicht eine Operation.

Daß man schon wieder an Kriege denkt, muß doch auch an den Politikern liegen.

Nicht jeder verdient die Freiheit, der Geld verdient.

Das Peinlichste am jetzigen Weltkonflikt ist, daß er nicht ganz überzeugt.

Wer einen Diktator einen Dämon nennt, verehrt ihn heimlich.

Es hat viele entmutigt, daß ein Trottel wie Hitler an die Macht kommen konnte, aber auch einige ermutigt.

Daß es nicht öfter donnert, ist ein Wunder.

Wenn nur alle Frauenzimmer siebzig Jahre nicht gebären wollten, könnte die Natur wieder frisch von vorne anfangen.

Ich bin eigentlich nur dann vom Weltuntergang überzeugt, wenn ich Zeitungen lese.

Es gibt jetzt nichts Billigeres als den Pessimismus und nicht leicht etwas Fahrlässigeres als den Optimismus.

Bei der Menschheit kommt zuerst der Krach und dann der Blitz.

Wenn die Atombombe kommt, muß die Ohrfeige eingeführt werden.

Nach den Reden der Staatsmänner zu schließen, müssen ihre Zuhörer darüber einschlafen.

Das allermerkwürdigste scheint mir, daß viele an einen Gott glauben, den man photographieren kann.

In Klubsesseln kann man eben auch morden.

Die Kultur ist keine Ausrede.

Leider ist die Ausbeutung schon lange nicht mehr das alleinige Vorrecht der Kapitalisten.

Ein Sowjeter kommt ebenso schwer ins Paradies wie ein Bankier in den Himmel.

Ich finde die Methode, mit der sich die Menschheit umzubringen anschickt, nicht mehr originell.

Es ist schon ein großes Kunststück, noch an den dogmatischen Marxismus zu glauben.

Daß die Lehre des Christentums die Welt nicht gebessert hat, daran sind die Christen schuld, nicht die Kommunisten.

Die Menschen unterscheiden sich darin von den Raubtieren, daß sie vor dem Morden noch beten.

Es ist ein großer Jammer, daß die Völker so durchaus Pech mit ihren Führern haben.

Daß so wenige rot werden, wenn sie von der Freiheit reden, ist kein gutes Zeichen.

Es wird immer schwieriger werden davonzukommen.

Von den Idealen redet man so viel, weil sie nichts kosten.

Mit den ungeborenen Enkeln pflegt man oft alles zu entschuldigen.

Wenn die Russen auch noch das Pulver erfinden, ist der Friede gesichert.

Nichts kommt die Menschheit teurer zu stehen als eine billige Freiheit.

Oft ist es Pflicht, boshaft zu sein.

Von allen Biestern ist der Brutalität am schwersten beizukommen.

Daß man sich auch durch den Tod aus dem Staube machen kann, ist manchmal ungerecht.

Das Beste an der heutigen Weltlage ist noch, daß die Schriftstellerei wieder anfängt, gefährlich zu werden.

Das Schicksal der Menschen

1950

Das Schicksal der Menschen wird davon abhängen, ob sich die Politik endlich bequemt, das Leben eines jeden heilig zu nehmen, oder ob die Hure weiterhin für jene auf die Straße geht, denen nichts heilig ist. Die Dame muß sich entscheiden. Was die Staatsmänner, auf die es heute ankommt, mit ihr treiben, ist ein Hohn, welcher der Vernunft die Schamröte ins Gesicht treibt und der alle jene in ständige Furcht versetzt, auf die es nie ankommt: Auf die übrigen zwei Milliarden, die diesen Planeten bewohnen. Die sture Ungerechtigkeit der Politik, mit der sie sich über jeden Einzelnen hinwegsetzt, indem sie nach der ewigen Weise der Dummköpfe nur als wirklich ansieht, was eine Abstraktion ist, die Nationen nämlich, denen sie alle jene Beweggründe in die Schuhe schiebt, die der Einzelne nie hat, verhindert endlich, ihr gegenüber immer noch nachsichtig zu sein und mit Engelszungen zu reden. Es gilt jetzt vor allem, von dem nichts zu verstehen und nichts zu begreifen, was sich da abspielt; der Unsinn der heutigen Politik ist allzu deutlich. Die Art, wie man auf beiden Seiten mit einem dritten Weltkrieg spielt, läßt sich, da ein Krieg nicht nur ein wahnwitziges Verbrechen ist, sondern auch eine ebenso große Dummheit, mit nichts mehr entschuldigen. So gibt es denn heute für den Einzelnen zwei Dinge zu tun: Die Kunst zu lernen, mit Riesensauriern umzugehen, deren

Hirn von jeher die Größe jenes eines Spatzen hatte und denen gegenüber nie Nachsicht, sondern nur Vorsicht am Platze ist, und zweitens die Wahrheit zu sagen, ja, wenn nötig zu schreien, so lange dies überhaupt noch möglich ist, denn die Gestalt, die es zu warnen gilt, die da vorne, blind und betrunken zugleich, dem Abgrund zutaumelt, in dessen Tiefe wir bald fahle Schinderhütten, bald den immer höher steigenden Pilz der Atombombe ahnen, ist die Menschheit, sind wir selber.

Es hat jedoch keinen Sinn zu protestieren, wenn es nicht deutlich ist, wofür man protestiert. Die Menschheit muß wissen, was möglich ist, was sie von der Allgemeinheit zu erwarten hat und was nur der Einzelne vermag. Sonst wird sie das Unmögliche wollen und Gefahr laufen, an den Sonderinteressen Einzelner zu scheitern oder aus Langeweile Selbstmord zu begehen, indem sie im Krieg entweder ein Universalheilmittel oder ein Abenteuer sieht, von jenen, die in ihm ein Geschäft erblicken, ganz zu schweigen, sie sprechen für sich selbst. Doch ist immer die Chance einer Zeit ebenso groß wie die tödliche Gefahr, in der sie schwebt. Daß heute Wirklichkeit und Möglichkeit wie noch nie auseinanderfallen, ist eine Binsenwahrheit, doch versteht es unsere Zeit wie keine zweite, Binsenwahrheiten zu mißachten. Wie noch nie ist die Möglichkeit da, den Planeten als ganzen zu organisieren und gerechte Lebensbedingungen für alle zu schaffen, eine Aufgabe, die sich um so dringender stellt, als auch der chinesische Bauer und der argentinische Hirte in unser Bewußtsein aufgenommen sind: Wir sind zusammengerückt. Doch dazu ist eine Politik notwendig, die endlich einmal zur Wissenschaft wird und nicht nach den Sternen greift. Was heute eine Sache des Machttriebs ist, soll eine Sache der Vernunft werden. Es geht nicht mehr darum, Machtzentren zu organisieren und sich um Grenzen zu streiten. Die Aufgabe der Politik ist neu abzustecken. Die einen erwarten alles von ihr, die andern nichts mehr. Einige haben eine Metaphysik aus ihr gemacht, andere ein Geschäft, es gilt aus ihr ein Werkzeug zu machen, das den Menschen nicht vergewaltigt und ausbeutet, sondern sichert. Es heißt eine Wirtschaft aufbauen, die ihr Gefälle nicht mehr vom Umstand bezieht, daß der eine Teil der Menschheit im Wohlstand und der überwiegende andere in erbärmlicher Armut lebt. Der Tanz um das Goldene Kalb ist aus dem Repertoire der Menschheit zu streichen, die Musik dazu wird immer unerträglicher, doch wird immer wieder da capo gegeben, und auf anderen Bühnen tanzt man schon um neue Kälber weiter. Die Aufgaben der Politik liegen in der Gegenwart, nicht in der Zukunft, es geht um uns, nicht um die ungeborenen Enkel, in deren Namen die heutigen getötet werden. Die Mißverständnisse sind groß. Die totalen Staaten haben das Mißtrauen in die Organisationen hineingetragen, weil sie den Einzelnen zerstörten, und die Einzelnen haben es in die Freiheit gesät, weil sie die Freiheit mißbrauchten. Es gilt abzuklären, was des Kaisers und was des Einzelnen ist. Nur so kann die Chance der Völker, die sich vermindert, weil die Idee des Vaterlandes, die ihnen die Schwungkraft verlieh, notgedrungen verblaßt, durch die Chance des Einzelnen wettgemacht werden, die sich im gleichen Maße vergrößert.

Dies zu behaupten grenzt an Hohn, denn vor allem ist für den Einzelnen in einer Zeit, in der Geist oft ein Todesurteil bedeutet, die Chance gestiegen, den Kopf zu verlieren. Und dennoch kündet sich, wenn auch noch zögernd, eine ptolemäische Wendung an. Hat der Einzelne bisher versucht, seine Pflicht von einer allgemeinen Weltanschauung abzuleiten, oder wenigstens gehofft, einmal eine solche zu finden, um darum wie die Erde um die Sonne zu kreisen, so wird er nun wieder zur Mitte, notgedrungen, denn nach dem Zusammenbruch der philosophischen Systeme bricht auch jenes der Naturwissenschaft zusammen, ja, immer mehr häufen sich die Anzeichen, daß die Naturwissenschaft überhaupt keine Weltanschauung zu geben vermag. Das Geheimnis der Welt bleibt unangetastet. Es ist heute leichter, an die Auferstehung zu glauben als an das Weltbild des dogmatischen Marxismus, mit dessen Problem nur noch die Gegenwart beschäftigt ist, wie immer weit hinter den Erkenntnissen zurück, und eben dabei, auch in diesem Examen durchzufallen.

So sind wir denn als Einzelne ohnmächtig und mächtig zugleich. Die Geschichte scheint ohne unser Dazutun abzulaufen, und doch haben wir geheimnisvoll Fäden in der Hand. Die Möglichkeit des Glaubens ist ungebrochen, und die Schule der Naturwissenschaft hat unser Urteil geschärft. Wir sind gleichsam mit größeren Voraussetzungen begabt. Die Zukunft der Menschheit liegt im Ungewissen, wir können immer noch den Augenblick festhalten. Der Friede wird hart sein, sei es nun der nach einem sinnlosen Krieg oder jener ohne diesen Umweg, denn Friede bedeutet Alltag, und das Alltägliche, das Gewöhnliche, das Langweilige wird immer mehr zunehmen. Unsere Intensität wird entscheiden, ob sich die Güter dieser Erde in unseren Händen zu Gold oder zu Staub verwandeln. Die Abenteuer der alten Art wird sich die Menschheit immer weniger leisten können, von den Fahrten auf den Mond wird sie enttäuscht heimkehren, es gilt die neuen Abenteuer zu finden, es sind dies jene des Geistes. Die Politik wird im günstigsten Falle sozial gesicherte Räume errichten, sie zu erhellen wird die Sache des Einzelnen sein, sonst wird die Erde zu einem Gefängnis. Eine Organisation muß schematisieren, allein der Einzelne ist imstande, einen Iwan wichtiger als die Sowjetunion zu nehmen und so die wahre Größenordnung wieder herzustellen. Von der Politik haben wir Vernunft, von den Einzelnen Liebe zu fordern. Es ist Sache der Politik, dafür zu sorgen, daß aus der Chance Einzelner die Chance der Einzelnen wird.

›Heller als tausend Sonnen‹

Zu einem Buch von Robert Jungk
1956

Ein Journalist hat es unternommen, der Geschichte der Atomforscher nachzugehen. Es ist ein spannendes Buch entstanden und ein wichtiges. Eine notwendige Information. Es tut gut zu wissen, wie weit der Ast angesägt ist, auf dem wir sitzen. Eine Chronik vom Untergang einer Welt der reinen Vernunft. Robert Jungk verzichtet darauf, den Gegenstand der bedenklichen Forschung näher darzustellen, um die es hier geht, die Verhaltensweisen kleinster Teile von Materie, er zeichnet die Akteure.

Die Story: Der Verdacht, es liege im Bereich des menschlich Möglichen, eine Atombombe zu konstruieren, taucht als eine vorerst mehr absurde Idee mitten in den großen Erfolgen einer neuen Wissenschaft auf, der Kernphysik. Viele halten die Idee für unmöglich, so Einstein, so Rutherford, und Hahn, der Entdecker der Kernspaltung, meint: Das kann doch Gott nicht wollen. Hitler kommt an die Macht, die strohblonde Dummheit der Rassentheorie vernichtet die Internationalität der Wissenschaft, bedeutende Physiker emigrieren, bedeutende bleiben, das Mißtrauen wächst auf beiden Seiten, doch dringt die Möglichkeit der Höllenbombe noch nicht zu den Politikern, und im Sommer 1939 hätten noch zwölf Menschen durch gemeinsame Verabredung deren Bau verhindern können (Heisenberg). Sie taten es nicht.

Der ungarische Physiker Szilard veranlaßt im Krieg Einstein, sich an Roosevelt zu wenden, aus der Furcht heraus, Hitler konstruiere eine. So wird die Waffe aus einem Wettrüsten heraus entwickelt, das in Wahrheit nicht stattfindet: die deutschen Physiker lassen die Nazis nicht auf die Idee kommen. Vergeblich versuchen Einstein und Szilard, wie der Krieg gegen Deutschland zu Ende ist und sich keine deutsche Atombombe findet, ihren Vorschlag rückgängig zu machen. Der Schreibtischgeneral Groves hat die Sache schon in die Hand genommen und durchgepeitscht, riesige Fabrikanlagen sind entstanden, die Atomforscher unter Anführung Oppenheimers in die Macht der Militärs geraten, kaserniert und überwacht, zwei Milliarden Dollars sind aufgewendet, und so wird am 16. Juli 1945 ›Trinity‹ zur Explosion gebracht, und im August fallen ›Thin Boy‹ und ›Fat Boy‹ auf ein schon kapitulationsbereites Japan.

Der weitere Verlauf ist noch tragischer. An die Stelle des fingierten Wettrüstens USA-Deutschland tritt das wirkliche USA-Sowjetunion, eingeleitet durch den irrsinnigen Versuch, die Atombombe geheimzuhalten, Wissenschaft als ein Staatsgeheimnis zu behandeln, kalter Krieg und Verrat, um endlich, wie beide Mächte die Bombe besitzen, mit dem Bau der Wasserstoff- und der Dreistufenbombe – Waffen ohne Grenzen, ermöglicht durch die Elektronen-Rechenmaschine ›Maniac‹ = ›Wahnsinniger‹, – die Menschheit als solche zu gefährden.

Die Aktualität dieses außerordentlichen Buches liegt jedoch nicht so sehr in der Chronik der Ereignisse, sondern im Umstand, daß gezeigt wird, inwiefern Wissen Macht sein kann und, vor allem, wie aus Wissen Macht wird. Das ungeheuerlichste Machtmittel der

Gegenwart beruht auf einem so sublimen Wissen, daß die Frage lautet: Wie war es möglich, daß sich dieses spezielle und durch die Schwierigkeit seines Verstehens an sich geschützte Wissen in Macht umwandeln konnte, daß sich auf der menschlichen Ebene etwas Ähnliches ereignete wie auf der physikalischen, in der sich Materie in Energie verwandelte?

Dieser Prozeß wurde mittels der Zertrümmerung einer internationalen Elite von Wissenschaftern durch die Politik ausgelöst. Der Gedanke, welcher der Atombombe zugrunde liegt, die tiefe Einsicht in die Struktur der Materie, ist ein Gedanke der Menschheit, gleichsam vertreten durch eine kleine Elite von Forschern, und nicht von einer Nation zu pachten. Auch gibt es keine Möglichkeit, Denkbares geheim zu behalten. Jeder Denkprozeß ist wiederholbar. Das Problem der Atomkraft – die Atombombe ist nur ein Sonderfall dieses Problems – kann nur international gelöst werden. Durch Einigkeit der Wissenschaftler. Daß diese Voraussetzung schon durch Hitler zerstört wurde, schuf das Verhängnis. Es zwang die Physiker, ihr Wissen an eine Macht zu verraten, aus dem Reiche der reinen Vernunft in jenes der Realität überzusiedeln.

Ein Trost kann gewagt werden. Wenn wir die Atombombe überstehen, werden wir die Atomkraft einmal nötig haben. Auch die Elektrizität wurde zu einer Zeit entdeckt, als sie noch nicht ›nötig‹ war. Was wir Technik nennen, ist etwas biologisch Notwendiges, doch muß der Mensch, der Einzelmensch, logischerweise, seine Erfindungen und Entdeckungen oft vor ihrer allgemeinen Notwendigkeit machen. Ein Teil der Technik ist immer vorweggenommene Zukunft. Was biologisch einmal notwendig sein wird, um das Leben der Menschheit zu ermöglichen, erscheint jetzt noch als Störfaktor, als eine Bedrohung des Lebens, aber gerade dadurch als Zeichen, daß die Politik und ihr letztes Mittel, der Krieg, nicht mehr stimmen, daß das menschliche Zusammenleben neu überdacht werden muß, die Organisation dieser Welt.

Das Prinzip, das der Wasserstoffbombe zugrunde liegt, entdeckte Houtermans, indem er über Vorgänge in der Sonne nachdachte. Das Pech Houtermans' besteht darin, in einer Welt zu leben, in der eine gewisse Art von Denken offenbar gefährlich ist, wie das Rauchen in einer Pulverfabrik. Nun ist es unmöglich, die Pflicht, ein Dummkopf zu bleiben, als ethisches Prinzip aufzustellen. Die Frage lautet, wie sich die Physiker in der heutigen Welt verhalten müssen, und nicht nur die Physiker – Denken kann vielleicht überhaupt in Zukunft immer gefährlicher werden. Die Elite, von der Jungk berichtet, wäre dann nur ein Vorposten. Sie hatte insofern Erfolg, als sich ihre Berechnungen durch die Atombombe bestätigten, doch ihr Erfolg war ihr Versagen, denn sie konnte die Atombombe nur bauen, indem sie sich den Politikern und Militärs auslieferte. Ihr Fehler war es, daß sie nie als Einheit handelte, daß sie im Grunde die einmalige Stellung nie begriff, in der sie sich befand, daß sie sich weigerte, Entscheidungen zu fällen. Das Wissen fürchtete sich vor der Macht und lieferte sich deshalb den Mächten aus. Aus dieser Schwäche heraus hoffte diese Elite, daß die Politik der Atombombe gewachsen sein werde, daß die Politik realisiere, was sie selber nicht vermochte. Doch war die Welt auf alles, nur nicht auf die Atombombe vorbereitet. Diese Waffe stellte nicht nur neue Aufgaben, die noch niemand vorher überdacht hatte, sondern auch Vorbedingungen, die nicht nur nicht erfüllt, sondern auch nie geplant waren. Alle Resolutionen der Wissenschafter – auch der Frank-Report – kamen zu spät, oder besser gesagt: richteten sich an eine Menschheit, die gar nicht in der Lage war, diese Forderungen zu realisieren: es sind Forderungen an eine imaginäre Welt, Forderungen, nicht zu sündigen nach dem Sündenfall. Über die Atomkraft verfügen nun die, die sie nicht begreifen. Es ist daher nicht zu bestreiten, daß die Elite versagte. Der Ausspruch des Mathematikers Hilbert, den Jungk überliefert, daß die Physik für die Physiker zu schwer sei, bestätigte sich auf eine gespenstische Weise. Wie dieses Versagen bei den Hauptakteuren zutage tritt, zeigt Jungk erschütternd: der Abwurf der Bomben auf Japan, ja auch der Bau der Wasserstoffbombe hätten vermieden werden können. Im Grunde wußte niemand, was er tun sollte. Was ›technisch süß‹ war, verführte die meisten, und oft war es einfach nicht möglich, schuldlos zu bleiben. Daß alles menschlich verständlich ist, macht die Geschichte teuflisch. So entsteht schließlich der Eindruck, daß all diese apokalyptischen Bomben nicht erfunden wurden, sondern sich selber erfunden haben, um sich, unabhängig vom Willen Einzelner, vermittels der Materie Mensch zu verwirklichen.

Sätze für Unterdrückte

1956

Sage jedem, was du nicht denkst.

Versuche, wenigstens anständig auf den Hund zu kommen.

Das Gift im Haus erspart den Henker.

Auch mit dem Hute in der Hand kommt man in ein Konzentrationslager.

Zeuge keine Kinder.

Wer viel vergewaltigt, muß viel schlafen.

Die verhinderte Rede von Kiew

1964

Meine Damen, meine Herren,
Ich spreche nicht als Vertreter der Schweiz. Die Schweizer sind ernste Leute, und ich schreibe Komödien. Ich rede zu Ihnen als Vertreter der bürgerlichen Dekadenz. Meine Damen und Herren, es geht hier überaus würdig zu. Die Reden sind feierlich, und Sie werden es vielleicht verstehen, wenn ich mich als Komödienschreiber etwas fehl am Platze fühle. Doch inzwischen habe ich mir etwas Mut gemacht. Ich erinnere mich, daß vor mehr als zweitausend Jahren in Athen auch ein Symposion stattfand, und zwar über die Liebe, bei dem der Komödienschreiber Aristophanes aufgefordert wurde, das Wort zu ergreifen. Kein Geringerer als der weise Sokrates forderte Aristophanes auf, und der große Komödiant erzählte bei dieser Gelegenheit dann auch eine der ersten surrealistischen Geschichten, die wir kennen, ob zur Freude des Athenischen Schriftstellervereins oder nicht, wissen wir nicht. Meine Damen und Herren, meine Lage hat ebenfalls etwas Surrealistisches. Ich muß in einer Sprache, die vor Ihnen zu sprechen ich unwillkürlich etwas Hemmungen habe, über einen Dichter reden, dessen Werk ich nicht kenne, weil ich seine Sprache nicht verstehe. Und so kann ich mich denn nicht an das Werk Schewtschenkos halten, sondern nur an seine Persönlichkeit. Man nennt ihn ein Genie. Nun, mit einem Genie ist

eigentlich nichts anzufangen. Ein Genie ist in den literarischen Himmel entrückt. Genie ist für mich – entschuldigen Sie – ein bürgerlich unexakter Begriff. Man staunt davor und denkt nicht mehr nach. Nein, Schewtschenko ist für mich mehr: ein ganz bestimmter Mensch, ein ganz bestimmtes Schicksal, ein Individuum mit einer Biographie, ein Einzelwesen, das durch keine Gewalt, durch keine Organisation und durch keinen Staat zu unterdrükken war, ein Mann, der litt, liebte, weinte und lachte, ein Mann, den Ihr liebt, weil er Euch nicht fremd, sondern weil er einer von Euch ist, und den ich nur lieben kann, weil Ihr ihn liebt, denn Eure Liebe zu ihm überzeugt mich. Sein Werk kann ich nur ahnen. Begehen wir nicht den Fehler, aus Schewtschenko oder aus Shakespeare – den wir ja dieses Jahr auch feiern – Götter zu machen? Machen wir aus ihnen Menschen – auch in der Literatur darf es keinen Personenkult geben. Schewtschenko ist nicht der größte Dichter, aus dem einfachen Grund, weil der Begriff eines größten Dichters zum literarischen Küchenlatein gehört. Er ist ein wahrer Dichter. Feiern wir denn Schewtschenko richtig. Ziehen wir aus ihm nicht falsche literarische Axiome, mit denen sich ja immer am bequemsten hinrichten läßt. Er war etwas Lebendiges, nicht eine Theorie. Wen man liebt, den soll man nicht verallgemeinern, sonst mordet man ihn. Schewtschenko ist einer der populärsten Dichter, populär wie etwa La Fontaine für die Franzosen. Nun ist populär zu sein kein literarisches Programm. Ich kann mich nicht hinsetzen und mir vornehmen: Mensch, werde populär. Schlager schließlich sind auch populär und noch lange keine Kunst. Nein, Schewtschenko ist kein Kunstprogramm, sondern ein Naturphänomen. Den Dnjepr kann man nicht nachmachen. Solche Dichter sind einmalig. Sie mahnen uns, sie mahnen vor allem den Kritiker. Auch Schewtschenko wurde in seiner Zeit nicht nur geliebt. Der herrschenden Klasse war er ein Ärgernis, ein negativer Dichter. Die Zeit hat ihn gerechtfertigt. Aber als Dichter gehört er zu allen Dichtern, ist er einer der ihren, sitzt er an einer Tafel mit Homer und Kafka, und als Dichter wird er auch einmal Beckett und Ionesco die Hand drücken. Nun erzähle ich doch eine surrealistische Geschichte. Die Literatur ist nicht für die Literatur da, sie ist in ihrer Gesamtheit das Gewissen der Menschheit, eine ihrer Dokumentationen. Die einzelnen Stimmen mögen manchmal irren, oft ungerecht sein, was tut's? Es sind menschliche Stimmen, wir haben sie zu akzeptieren, dem Ganzen zuliebe. Die Menschheit spiegelt sich in der Literatur, muß sich in ihr spiegeln, um nicht zu erblinden. Wagen wir den Blick in diesen Spiegel. Verstellen wir ihn nicht. Allzuleicht verzerrt er sich, pfuschen fremde Hände an ihm herum. Seien wir vor allem als Kritiker Wissenschaftler. Schreiben wir der Kunst nichts vor, sondern spüren wir ihr nach. Die sogenannten Quasi-Sterne, diese unvorstellbar fernen, riesenhaften Explosionen, die russische und amerikanische Astronomen jüngst entdeckten, mögen für unsere physikalischen Systeme unbequem sein, sie sind nun einmal da. Große Tote feiert man nicht ungeschoren, sie sind keine Monumente, sie nehmen einen beim Wort. Meine Damen und Herren, es gilt den lebendigen Schewtschenko zu feiern, ihn nicht nur zu lieben, sondern auch seine Härte und seine Wildheit zu spüren, denn nur so, als ein Unbequemer, ist er ein Hüter seines Volkes, seines Staates und kein totes Denkmal.

Israels Lebensrecht

1967

Es gibt den jüdischen Staat, weil es Hitler gab. Der Grund dieses Staates liegt in Auschwitz, in den Vernichtungslagern, doch liegt er nicht nur in unserer Zeit, er liegt in den Judenmetzeleien, in den Pogromen und Schikanen der Vergangenheit, er liegt im Christentum, das im Juden den Christusmörder sah, er liegt im Ressentiment, im Rassendünkel und im Fremdenhaß aller Zeiten, er liegt aber auch bei den Gleichgültigen, den Allzuvorsichtigen, den Neutralen, er liegt bei uns, die wir statt eines Herzens einen Rothmund besaßen, kurz, der Grund liegt in den Demütigungen, Verfolgungen und Leiden, die den Juden immer wieder zum Juden stempelten und formten.

Der jüdische Staat ist aus einem Naturrecht heraus geboren, aus einem Recht der Geächteten auf eine Heimat, die ihnen die Freiheit wiedergibt und ihre Ächtung auslöscht, auf eine Heimat, die – da die Juden überall, wo sie sich niederließen, gezeichnet waren – nur die Urheimat sein konnte: Israel. Aus solchem Recht entstanden, braucht der jüdische Staat keine andere Begründung seiner Existenz, seinen Grund bildet nicht irgendeine Machtkonstellation, seine Existenz ist mit einem Axiom der Menschlichkeit hinreichend begründet.

Doch konnte die Geburt eines Staates aus dem Naturrecht heraus nicht in einem leeren Raume geschehen, sie war nicht möglich, ohne selber ein Naturrecht zu verletzen. Naturrecht steht gegen Naturrecht. Israel wurde in einer Umwelt gegründet, die sich selber neu gründete und zu einer neuen Einheit strebte, die den neuerstandenen jüdischen Staat als einen Fremdkörper empfand. Um diese Erkenntnis kommen wir nicht herum, wollen wir nicht die Wahrheit unterdrücken, eine Wahrheit, die um so schmerzlicher ist, weil die Notwendigkeit, Israel inmitten der arabischen Welt zu errichten, durch unser Versagen entstand und nicht durch jenes der Araber, hat sich doch dieses Volk in seiner Geschichte den Juden gegenüber weitaus toleranter verhalten als die Christenheit. Nun müssen wir mit schlechtem Gewissen von ihm verlangen, was uns das Gewissen vorschreibt, ja was wir in anderer Hinsicht noch nicht getan haben, denn noch sind die Grenzen Polens nicht anerkannt, auch sie erstanden aus einem Naturrecht heraus, als Resultat des Versuches, Polen auszurotten.

Doch beschämt uns diese Wahrheit nicht nur, sie könnte uns auch weiterhelfen. Wo beide im Recht sind, wo ein neues Recht gegen ein altes steht, vermöchten allein die praktische Vernunft und die Zeit eine solche Wunde zu heilen. Doch die Unordnung unseres Planeten ließ den Frieden nicht zu. Die Großmächte setzten im Kampf ums tägliche Öl die Araber und die Israeli als Figuren ins Schachspiel der Weltpolitik, man handelte an beiden bedenklich und trieb beide in ein Wettrüsten. Auch unser Land machte mit im großen Geschäft. Wie die Vereinigten Staaten in Vietnam in einen Krieg hineinschlitterten, von dem sie jetzt aus Prestigegründen nicht mehr abzulassen wissen, so engagierte sich die Sowjetunion immer unvorsichtiger bei den arabischen Völkern.

Die Politik lief ab wie die Uhr einer Zeitbombe. Die Araber wähnten sich am Zuge. Sie verkündeten die Vernichtung Israels, ja gaben zu, einen dritten Weltkrieg riskieren zu wollen. Sie gaben sich ihrem Machtgefühl hin wie einem Rauschgift: es entrückte sie einer Realität, die sie nicht mehr zu bewältigen wußten. Es folgte der Krieg. Er ist immer etwas Schreckliches, Verzweifeltes, nie Humanes, geschweige denn Heiliges. Er rettete Israels Leben. Vorläufig. Er tötete viele Araber, ihr Leben zählt bei ihren Führern nicht.

Auch über diesem Krieg liegt der Hauch des Sinnlosen. Trotz seines Sieges ist heute Israel diplomatisch isolierter denn je, ziehen sich seine Freunde diskret zurück oder wenden sich ab. Seine Vernichtung ist zur fixen Idee der arabischen Massen geworden, ihr Haß pathologisch. Israel mag Fehler begangen haben – welcher Staat bestände unsere Zeit schuldlos –, es mag auf viele Forderungen verzichten müssen, genötigt, sich mehr denn ein anderer Staat von der Vernunft statt von der Emotion leiten zu lassen: Es handelte aus Notwehr. Es stand vor Sein oder Nichtsein. Wer technisch den Krieg begann, ist gleichgültig, die Araber konnten nicht mehr zurück; sie entmündigen sich selber, streiten sie jetzt ihre Politik ab. Daß auch die Sowjetunion die zweieinhalb Millionen Menschen Israels, der Vernichtung entronnen und von der Vernichtung bedroht, als Aggressoren und Nazis hinstellt, mutet der Welt einen Glauben zu, den man, um nicht die Unfähigkeit der arabischen Führung zugestehen zu müssen, sonst nur noch den Fellachen und den fanatischen Horden in den Städten zumutet, die beide nichts besitzen als die Fähigkeit, alles zu glauben.

Täuschen wir uns nicht. Wir sind nicht mehr die Welt.

Der größere Teil der Weltbevölkerung lebt nicht besser als die Fellachen, er wird glauben, was den Fellachen einleuchtet, und den Juden wieder als Juden brauchen, als Sündenbock für seine Misere. Der Antisemitismus installiert sich wieder, schon wagt man es selbst im Sicherheitsrat, mit der Bibel gegen die Juden zu argumentieren, schon finden seine Pogrome statt. Aber Sowjetrußland ist eine Weltmacht, unermeßlich reich in den Augen der elenden und hungernden Horden und damit nicht mehr natürlicherweise auf ihrer Seite, ihr Fanatismus kennt nur die unbedingte Freundschaft, eine abwägende bedeutet für sie schon Verrat, und bald wird ihre Armut sie verführen, den Chinesen zu glauben: die Sowjetunion mobilisiert im Kampf um die Führung im internationalen Kommunismus das Elend gegen Israel, damit sich nicht das Elend gegen sie mobilisiere. Mit ihr gegen Israel zu protestieren, verhöhnt, was schließlich auch zu jenen großen geistigen Impulsen gehört, die wir immer wieder den Juden verdanken, verhöhnt den Marxismus, soll er weiterhin einen ernsthaften Vorschlag für eine zukünftige Ordnung darstellen, den wir durchzudenken und zu überprüfen haben, ihm recht gebend, wo er uns recht zu haben, ihn ablehnend, wo er uns zu irren scheint, sollen wir weiterhin hoffen, auch sein Ziel sei endlich eine mögliche Freiheit des Menschen.

Verurteilt jedoch die UNO, die heute tagt, Israel, so bestätigt sie eine Politik, die kein anderes Ziel kannte und kennt als Israels Vernichtung und es auch zugestand und zugesteht, eine Politik, die keine Mittel scheute und scheut, dieses Ziel zu erreichen, und sei es auch den Krieg, und die Israel nur anklagt, weil sie einen Krieg verlor, den sie gesucht hatte. Verurteilt die UNO, die heute tagt, Israel, dessen Gründung sie zustimmte, ein Israel, das von ihren Mitgliedern – sieht man von den arabischen Staaten ab – anerkannt worden ist, so stimmt sie einer Ermordung zu, denn nichts wird dann die Araber hindern können, ihre Politik durchzuführen. Gewiß, sie stimmt der Ermordung eines kleinen Volkes zu und nur, um die Gefühle des Stolzes und der Ehre jener achtzig Millionen wiederherzustellen, die von diesem kleinen Volk besiegt worden sind, aber der Ermordung eines Volkes, das, seit Urzeiten verfolgt und verachtet, zerstreut und sich wieder zurückfindend, die Menschheit veränderte, genial durch seine Religiosität und durch die Kraft seines Denkens von alters her bis in unsere Gegenwart.

Der Intellektuelle will sich heute engagieren, er engagiere sich nun auch in Israel. Es gibt Verpflichtungen, die über den taktischen Manövern einer jeden Politik stehen. Es gibt Bekenntnisse, die wir als Menschen abgeben müssen, um Menschen zu bleiben, auch wenn sie politisch unklug scheinen. Es gibt Leistungen, die zählen. Das moderne Israel ist eine solche Leistung. Es zeigte, wie die Wüste besiegt wird, es zeigte, was der Mensch, in Frieden gelassen, vermag, es zeigte, daß der Geächtete, der Ächtung entlassen, anders ist als das Bild, das die Ächtung zeichnete. Der Friede, den man Israel ließ, war spärlich, lassen wir es nun für immer in Frieden, damit es nicht ständig angegriffen, deformiert werde, gewähren wir ihm das Leben zum Zeichen der Hoffnung, daß auch, wie aus seinem Lande, aus unserem Planeten ein Garten werde und keine Wüste.

Bertolt Brecht, der sich zum Kommunismus bekannte und in jener DDR wirkte, die sich heute so schändlich

gegen Israel stellt, statt wenigstens zu schweigen, voll
Scham über das Geschehen, da sie doch ein deutscher
Staat ist, Bertolt Brecht drückte das Recht Israels zu
leben so aus:

> Nehmt zur Kenntnis die Meinung der Alten:
> Daß da gehören soll, was da ist, denen, die für es gut
> sind, also
> Die Kinder den Mütterlichen, damit sie gedeihen
> Die Wagen den guten Fahrern, damit gut gefahren
> wird
> Und das Tal den Bewässerern, damit es Frucht bringt.

Tschechoslowakei 1968

1968

Meine Damen und Herren,
ich denke an die Tschechoslowakei. Ich denke an Prag.
Ich denke an eine Bevölkerung, die hoffnungsvoll war
und jetzt hoffnungslos ist. Ich denke an meine Freunde
dort. Ich denke an Schauspieler, Regisseure, Bühnenbild-
ner, Dramaturgen, Übersetzer. Ich denke an Schriftsteller, und ich denke an Kommunisten. An bestimmte
Kommunisten. Ich denke an ein Gespräch mit dem öster-
reichischen Kommunisten Ernst Fischer, und ich denke
an ein Manuskript des Kommunisten Konrad Farner, der
sich mit jener Kenntnis mit dem Christentum auseinan-
dersetzt, die ich denen wünsche, die sich mit dem Kommunismus auseinandersetzen. Über das Schicksal vieler
Prager Freunde weiß ich nichts. Ernst Fischer gilt für die
Russen als einer der schlimmsten Ketzer und Konrad
Farner für einige Schweizer als Landesverräter. Ich bin
stolz auf ihn. Die Schweiz wäre noch ärmer ohne ihn,
und weil sie ihn nicht zur Kenntnis nimmt, ist sie ärmer
als sie zu sein brauchte. Er hat das Pech, in einem Land
zu leben, das die Zufriedenheit mit sich selbst zum
politischen Kult macht. Kommunist ist ein Ehrenname,
nicht ein Schimpfwort, die Prager Kommunisten beweisen es, und wir können den Mut dieser Männer nur dann
ehren, wenn wir aus unserer Manifestation nicht eine
antikommunistische Manifestation machen. Ich bin kein

politischer, ich bin ein dramaturgischer Denker, ich denke über die Welt nach, indem ich ihre Möglichkeiten auf der Bühne und mit der Bühne durchspiele, und mich ziehen demgemäß die Paradoxien und Konflikte unserer Welt mehr an als die noch möglichen Wege, sie zu retten. Ich bin Diagnostiker, nicht Therapeut, und doch glaube ich, keiner Berufsdeformation zu erliegen, wenn ich unser Zeitalter als das der politischen Verbrecher bezeichne. Der Erste und der Zweite Weltkrieg, der Faschismus und Neofaschismus, der Stalinismus, Ungarn, Tibet, der Klan um Tschiangkaischek, der Krieg der USA in Vietnam, die politischen Morde in den USA und anderswo, die Genozide, Israel, Biafra und jetzt die Okkupation der Tschechoslowakei; die Liste der politischen Verbrechen, durch Politiker verübt, ist damit nicht abgeschlossen, nur angedeutet. Dagegen wird protestiert, dagegen wird geschrieben, geredet und geschrien, dagegen wird Geld gesammelt, und viele, die dagegen sind, werden verprügelt, verhaftet, ja ermordet, doch alle diese Proteste haben etwas Kultisches. Sie verhindern die kriminellen Fakten nicht, sie geschehen nachträglich, aus einem Gefühl der Ohnmacht heraus, um wenigstens etwas zu tun, irgend etwas; auch geschieht Widersinniges: Leute, die einst schrien »lieber tot als rot«, schreien jetzt »Dubček, Svoboda«. Wenn ich darum heute als Schriftsteller im Theater, dessen Team ich angehöre, das Wort ergreife, so nicht, um zu protestieren, sondern um zu analysieren. Ein Protest ist eine Sache der Emotion, sicher notwendig, eine Analyse ist eine Sache des Überdenkens, und ich wäre nicht ein Schriftsteller, wenn ich die Worte, die ich hier spreche, nicht untersuchen, sie nicht in Frage stellen würde. Leben wir denn wirklich im Zeitalter der politischen Verbrechen, ist diese Bezeichnung nicht subjektiv, theatralisch, komödiantisch übertrieben? Meint sie nicht, daß stets die anderen die Verbrecher seien, für die USA der Vietcong und für den Vietcong die USA, für die Tschechen die Russen und für die Russen die Tschechen und für die Chinesen wir alle zusammen? Die Politik aller Zeiten führte zu blutigen Kriegen, und nicht nur die Politik, auch die Religionen, Gesellschafts- und Wirtschaftssysteme aller Zeiten sind blutbesudelt, stets fraßen die Großen die Kleinen und die Kleinen die Winzigen. Horden von barbarischen Abendländlern fielen einst ins Morgenland ein, Jerusalem zu erobern, und metzelten Abertausende nieder, die weit gebildeter waren, in Amerika wurden uralte Kulturen ausgerottet, und die Dynastien fielen wie Raubtiere übereinander her. Doch die Kreuzzüge wurden von den Aggressoren nicht als Verbrechen empfunden, sondern als eine heilige Handlung, die Ketzer wurden verbrannt, um ihre Seelen zu retten, die Kirchen der feindlichen Vaterländer, die einander überfielen, beteten zum selben Gott, und es galt als süß, fürs Vaterland zu sterben, während es uns heute unsinnig erscheint, daß es noch Menschen gibt, die fürs Vaterland sterben müssen. Denn die Entwicklung der Menschheit ist nicht nur durch die Summe ihrer Kriege gezeichnet, sie ist auch durch die Entwicklung des menschlichen Geistes bestimmt, durch die Entwicklung des Bewußtseins, und weil es diese Entwicklung gibt, erscheinen uns heute eine gewisse Politik, gewisse Gesellschafts- und Wirtschaftsstrukturen, ja gewisse Denkungsarten verbrecherisch. Der Mensch, der die Natur entmythologisierte, muß, denkt er konsequent, auch die Politik entmythologisieren. Die Entmythologisierung der Natur geschah

durch das menschliche Denken über die Natur, geschah,
indem der Mensch sein eigenes Denken zu begreifen und
damit anzuwenden lernte, geschah, indem der Mensch
eine Methode erfand, mit Hilfe von bewußten Fiktionen
die Natur zu beschreiben und zu beherrschen. Der
Mensch wurde sich und der Natur gegenüber kritisch.
Doch der Mensch, der nicht mehr in der Natur steht,
sondern gegenüber der Natur, steht auch gegenüber der
Politik und nicht mehr in der Politik. Er ist auch der
Politik gegenüber kritisch. Wenn ich daher unsere Zeit
ein Zeitalter der politischen Verbrechen nenne, so nur
deshalb, weil ich nicht mehr an die Vorwände der Politik
glaube, die sie ihren Aktionen unterschiebt. Ein Krieg
gegen ein Land und die Okkupation eines Landes sind als
Notwendigkeiten nicht mehr einzusehen, Vaterlands-
liebe, Staatsräson, die Treue einer Partei oder einer Ideologie gegenüber entschuldigen sie nicht mehr. Sie stellen
für mich Verbrechen dar und keine politischen Handlungen: Sartre hat recht, wenn er die USA und die Sowjetunion und ihre Satelliten als Kriegsverbrecher bezeichnet. Für den unkritisch denkenden Menschen ist der Staat
ein mythologisches Gebilde, für den kritisch denkenden
Menschen eine bewußte Fiktion, die der Mensch auf-
stellt, um das Zusammenleben der Menschen zu erleich-
tern, der Staat ist eine Institution, die keine mystischen
Werte besitzt, die allein für den Menschen zu funktionieren hat und darum der menschlichen Kontrolle bedarf.
Die Freiheit des Geistes, die wir von jedem politischen
System fordern müssen, ist allein deshalb die wichtigste
politische Forderung, weil nur durch sie jene kritische
Politik möglich ist, die aus dem Staat keinen mythologi-
schen Popanz, sondern eine menschliche Institution

macht. Nur die Freiheit des Geistes vermag den Staat zu hindern, total zu werden und totale Forderungen zu stellen. Die Freiheit des Geistes stellt die unüberschreitbare Grenze dar, die zwischen dem Menschen als Individuum und dem Staate als Institution errichtet ist. Diese Forderung müssen wir auch an die kommunistisch regierten Staaten richten, was um so paradoxer ist, als gerade der Kommunismus versuchte, den Menschen in seiner tatsächlichen Lage im wissenschaftlichen und damit industriellen Zeitalter zu begreifen, um von dieser Erkenntnis her die noch mögliche Freiheit des Menschen und dessen notwendige Pflichten zu bestimmen. Der Kommunismus ist ein Vorschlag, die Welt vernünftiger einzurichten, ein Vorschlag zur Weltveränderung, den wir durchzudenken und, erkennen wir ihn als vernünftig, durchzuführen haben. Doch Denken und Sein sind nicht identisch. Die vernünftige Veränderung der Welt kann nicht durch reines Denken geschehen. Wer mit der Welt zufrieden ist, wer von ihrer Ungerechtigkeit profitiert, will die Welt nicht verändern. Verändern wollen sie nur der, der ihre unvernünftige Ordnung erkennt, und jene, die durch diese Veränderung eine Verbesserung ihrer unvernünftigen Lage erhoffen, die Ausgebeuteten und Elenden. Täuschen wir uns nicht, das sind heute Millionen und Abermillionen. Die Perspektive, die uns die satte Schweiz bietet, ist trügerisch. Der Planet, auf dem wir leben, ist schlecht organisiert, viele Gebiete überbevölkert, andere für wenige reserviert, die Möglichkeiten der Technik nur zum Teil eingesetzt, und die meisten Menschen hungern. Doch war die Forderung nach der Diktatur des Proletariats ein taktischer Vorschlag zur Weltveränderung, dem die menschliche Natur nicht gewachsen war. Die Ausgebeuteten sollten im Bunde mit den Wissenden die Macht übernehmen. Doch das Proletariat ist ein Massenbegriff und damit eine bewußte Fiktion, eine bewußte Fiktion an sich kann ebensowenig regieren wie ein Staat an sich, regieren können nur Menschen durch eine Partei. Es ist daher entscheidend, was die Partei für die Menschen ist, die durch sie regieren und durch sie die Welt verändern wollen. Ist die Partei für die, die durch sie regieren, eine Institution, die dem menschlichen Denken unterstellt ist und damit dem Weiterdenken und Überdenken, wagen die Regierenden, sich und ihre Partei der Freiheit des Geistes auszuliefern, auch auf die Gefahr hin, die jede Freiheit des Geistes für jedes Installierte zwangsläufig darstellt, wird die Partei menschlich bleiben. Ist dagegen die Partei mehr als eine bewußte Fiktion, mehr als eine Arbeitshypothese der Politik, ist sie eine Fiktion, an die man glaubt, statt sie als Fiktion zu erkennen, wird sie absolut, eine heilige Kirche, mythologisch. Und sie wurde mythologisch: ein Instrument, womit wenige über viele herrschen, eine Ausrede für die Machthaber, unter dem Vorwand der Weltveränderung an der Macht zu bleiben, aber auch eine blutige Arena, worin die Mächtigen um ihre Macht kämpfen. Damit wurde der orthodoxe Parteikommunismus mit seiner Parteihierarchie, seinem Parteiapparat und mit seiner Geheimpolizei für unser heutiges Denken logisch nicht mehr haltbar, er wurde verbrecherisch. Es ist sinnlos, die Fortschritte zu leugnen, die unter dem russischen Kommunismus und unter ungeheuerlichen Opfern geschehen sind. Das russische Volk ist ein gebildetes Volk geworden; aber es ist ebenso sinnlos zu verschweigen, daß es durch die Installierung einer heiligen Partei, die sich nur noch kultisch und inquisitorisch äußert, ein apolitisches, kleinbürgerliches Volk geworden ist, ein Volk, das sich regieren läßt und nicht regiert, für das man sorgt, für das man denkt, das man bettet und nährt und dessen Intellektuelle man unterdrückt, weil die erstarrte Partei jede Veränderung fürchtet. Der Kommunismus unserer Zeit vermag nur zu überleben, wenn er den Mythos einer unfehlbaren Partei fallenläßt, wenn er sich weiterdenkt, wenn er demokratisch wird. Gelingt ihm das nicht, stößt er die Menschheit um Jahrhunderte zurück und lenkt sie von ihren wirklichen Problemen ab, verstrickt sie wieder in Nationalismen, sinnlose Kulturkämpfe und Glaubenskriege. Das Schicksal des Kommunismus ist das unsrige. Was sich in der Tschechoslowakei erreignet, ist nur dann ein Sieg der sowjetrussischen Reaktionäre und der DDR, wenn wir selber reaktionär bleiben. Auch wir müssen die Demokratie weiterdenken, denn die Demokratie, die wir praktizieren, trägt in vielem ebenso mythologische Züge wie der Sowjetkommunismus, ist in vielem ebenso kultisch. Denken wir nur an die Komödien der USA-Parteikongresse, an die Unverfrorenheit, mit der sich gewisse Parteien als christlich bezeichnen, an die Illusionen, die man nicht aufgeben will, um aus ihnen politisches Kapital zu schlagen, an die Unterstützung von Diktaturen, an wirtschaftliche Erpressungen, die mit dem Vorwand unternommen werden, irgendein Land vor dem Kommunismus zu retten, und auch daran, daß auch wir den Menschen mißachten, indem wir ihn manipulieren. Konrad Farner sieht im Christentum eine notwendige Konfrontation; mehr als eine notwendige Konfrontation vermag auch der Kommunismus nicht zu sein. Der Mensch ist unvollkommen.

Die Wirklichkeit, die er sich schafft, ist immer vom Menschen bedroht. Stets errichtet der Mensch Fiktionen, an die er glaubt, bis er sie als Fiktionen erkennt und sie fallenläßt, um neue zu errichten, um sie einmal wieder zu durchschauen. Doch die Maßstäbe, die der Mensch sich setzt und mit denen er sich und seine Wirklichkeit konfrontiert, verhindern es bisweilen, daß diese Welt allzu unmenschlich wird. In der Tschechoslowakei verlor die menschliche Freiheit in ihrem Kampf um eine gerechtere Welt eine Schlacht, doch nicht den Krieg: Der Krieg gegen die Dogmatiker der Gewalt geht weiter, mögen sie nun die Maske des Kommunismus, des Ultrakommunismus oder jene der Demokratie tragen. Wie dieser Kampf im Notfall in einem technisch entwickelten Lande zu führen ist, wo es kein Ausweichen in den Dschungel gibt, zeigt uns das tschechoslowakische Volk, das, um zu überleben, seine Armee nicht einsetzt und nicht Nibelungen spielt und dennoch durch seinen gewaltlosen Widerstand ein Machtsystem erschüttert, tödlicher vielleicht, als wir zu ahnen vermögen.

Zu den Zürcher Globus-Krawallen

1968

Kurzschluß einer heutigen Gesellschaftsordnung, harmloser als anderswo, reparierbar als Fall, nicht reparierbar als Phänomen. Die Ursachen sitzen in, nicht außerhalb der Gesellschaft. Wie bei einem Verkehrsunfall, bei dem es Schuldige und Opfer gibt, die faßbar sind, ist ein Hintergrund mitschuldig, der nicht faßbar ist. Beim Verkehrsunfall wirken als Hintergrund mit: Die Autoindustrie, verstrickt in einen erbarmungslosen Wirtschaftskrieg der Firmen untereinander: sie benötigt steigende Umsätze; der moderne Mensch, ebenso verstrickt, Urheber, Ziel und Opfer zugleich der Welt, die ihn und die er hervorbrachte: er braucht die Illusion, wenigstens am Steuer frei zu sein; die Politik endlich, hilfloser als alles andere, weil fiktiver als alles andere: sie besitzt weder Phantasie noch Mittel zu tun, was nötig ist, sie vermag nur zu tun, was längst nötig gewesen wäre, sie muß sich vom Verkehr überrollen lassen, um zu spät handeln zu können.

Auf die Krawalle bezogen: Als Vordergrund sind Studenten faßbar, die etwas Bestimmtes, nicht unbedingt Unvernünftiges wollen, dann ein zugelaufener Haufe, der Betrieb und Krawall will, ferner Zuschauer, die ihr Spektakel wollen, schließlich das Wetter, warum nicht, endlich eine Polizei, die auch nicht unbedingt Unvernünftiges will, Ordnung nämlich, die, während sie die

Ordnung durchsetzt, am Prügeln Freude bekommt, was
in ihrer Natur liegt und durch ihre Anonymität begün-
stigt wird, ist sie doch nach ihrem biederen Boss so zart
besaitet, daß sich der einzelne Polizist durch das öffentli-
che Tragen einer Nummer zu einer Nummer degradiert
sähe; nur wer ungestraft und unerkannt in Kellern prügeln darf, fühlt sich als Mensch.

Doch keine nachträglichen Pflastersteine gegen die Polizei; die Gesellschaft, die sich auf sie stützt, ist verant-
wortlicher. Man könnte zur Tagesordnung übergehen,
zu seinem täglichen Kram, wäre das Ganze nicht symptomatisch. Symptome stimmen nachdenklich, lassen
vermuten, daß etwas nicht mehr stimmt. Die Öffentlichkeit bestätigt den Verdacht, sie prügelt nach, die wieder-
hergestellte Ordnung genügt nicht, die Gesellschaft will
ihre Weltordnung wiederhergestellt wissen, das Volk will
sich durch seinen Volkszorn bestätigen, daß es in Ordnung sei.

Doch eine Gesellschaft, die nur noch Waren und keine
Werte mehr zu produzieren weiß, wirkt unglaubwürdig,
appelliert sie an Werte. Das gilt heute für West und Ost.
Die Ideologien sind hier wie dort zusammengebrochen,
nicht nur durch das, was sie verkünden, vor allem durch
die, die sie verkünden. Daß die gängigen Ideologien vor
den neuen Gesellschaftsstrukturen versagen, ist evident,
daß jene, die diese Ideologien immer noch zu verkünden
wagen, sie nur noch als Ausreden benutzen, leuchtet
ebenso ein.

Wo nur noch Waren und Märkte sind, wird der Staat
zur Verwaltungsmaschinerie und die Universität zu einem Ort, Wissenschaft und Technik zu lehren. Doch je
verzweifelter der Staat noch ein Vaterland und die Hoch-

schule noch Universität sein möchten, desto instinktiver setzen sie sich dagegen zur Wehr, daß man nach ihrem Funktionieren frage, sie verlangen Glauben. Damit werden sie ebenso unglaubhaft wie die Gesellschaft, die sich ihrer bedient. Die Zürcher Krawalle sind bedenklich, wenn sie in der Gesellschaft nichts als Emotionen zu erwecken vermögen, sie sind heilsam, wenn sie die Gesellschaft dazu bringen, über sich nachzudenken und die Rebellion der Jugend als eine folgerichtige Antwort zu begreifen auf eine Welt, die auch bei uns nicht in Ordnung ist.

Über Kulturpolitik

1969

Ich stehe in doppelter Eigenschaft vor Ihnen: als preisge-
krönter bernischer Kulturträger und als etwas lädierter
Theatermann. Beide Eigenschaften sind nicht ohne Problematik. Um gleich ein Gerücht zu widerlegen, möchte
ich betonen, daß der Grund, weshalb ich den bernischen
Kulturpreis bekomme, nichts mit dem Grund zu tun hat,
weshalb der große Dichter, der stets behauptete, nicht
ein Dichter zu sein, Gotthold Ephraim Lessing, seine
Tragödie über den Berner Schriftsteller Samuel Henzi
nicht zu Ende schrieb, angeblich, wie einige behaupten,
auf eine Intervention der bernischen Regierung hin. Zwar
war Samuel Henzi auch wie ich ein Pfarrersohn. Er
versuchte um die Mitte des achtzehnten Jahrhunderts,
dem von den gnädigen Herren regierten Staate Bern eine
etwas demokratischere Verfassung zu geben. Aber Henzi
wurde hingerichtet, während ich geehrt werde, wobei
freilich gesagt werden muß, daß unter Umständen eine
Ehrung auch eine Hinrichtung ist. Was im Falle Henzi
nun auch stattfand, ob die bernische Regierung durch
Lessings Freund Haller intervenierte oder nicht: daß
Lessing sein Freiheitsdrama nicht vollendete, bleibt ein
Jammer, täte unserem Lande doch neben Schillers *Wilhelm Tell* ein *Samuel Henzi* Lessings gut, würde ihm
doch dadurch klar, daß es bei uns nicht nur Freiheitshel-
den gab, die gegen Ausländer kämpften, sondern auch

Unterdrückte, die von Schweizern unterdrückt, ja vernichtet wurden.

Was nun meinen Fall betrifft, so möchte ich in aller Öffentlichkeit feststellen, daß die bernische Regierung, und mit ihr das bernische Volk, mir den Kulturpreis nicht verleiht, damit ich kein Pro-Separatisten-Stück schreibe, oder damit ich eine angefangene Anti-Berner-Tragödie unvollendet liegen lasse. Auch fühle ich mich sogar hier im Berner Stadttheater relativ durchaus in Sicherheit, obgleich ich auf dieser Bühne, wenn auch nicht gerade körperlich, so doch künstlerisch hin und wieder doch etwas malträtiert worden bin. Daß ich den bernischen Politikern nicht immer ganz stubenrein vorkomme, mag zutreffen, kann ich mir doch einen Kanton Jura durchaus vorstellen, wenn ich mich auch von der Ideologie der Separatisten absetzen muß, die mir nun doch, wie vieles in unserem Lande, allzu faschistisch gefärbt scheint. Ferner sehen manche in mir einen Kommunisten, besonders weil ich den Marxisten Konrad Farner bewundere. Ich bewundere Konrad Farner jedoch nicht, weil er ein Kommunist, sondern weil er ein Denker ist, der als Marxist nicht nur über das Christentum mehr Bescheid weiß als die Christen über den Marxismus, sondern auch das Christentum besser kennt und mehr liebt als die meisten Christen selber. Im Jahre 1949 schrieb ich zu meiner Komödie *Romulus der Große*, ich sei kein Kommunist, sondern Berner. Zu diesem Satz stehe ich noch immer, wenn mich auch die Wahrheit zwingt, zuzugeben, daß die Marxisten in vielen Dingen recht haben und wir nicht, und umgekehrt. Als Komödienschreiber sitze ich auf dem einzigen Platz, der einem anständigen Schriftsteller zukommt: zwischen Stuhl und

Bank. Wie ich gerne Schweizer bin, bin ich gerne Berner. Ich rede im Alltag berndeutsch, und manche meiner Kritiker behaupten, daß ich berndeutsch schreibe, auch wenn es wie hochdeutsch klinge. Ich fühle mich denn auch durch die Verleihung des bernischen Kulturpreises geehrt, ja ich kann es nicht verschweigen: ich bin sogar stolz darauf.

Das alles zugegeben, hebt dennoch den Widerspruch, daß ich in Bern als Kulturpreisträger gefeiert werde und in Basel als Theatermann gescheitert bin, nicht auf. Ich komme mir heute sowohl als Kulturpreisträger wie auch als Theatermann fragwürdig vor. Die Fragwürdigkeit liegt weder in meinem gescheiterten Basler Theaterexperiment noch im Preis. Sie liegt in der Kultur selbst und in der Frage, ob ein heutiger Staat überhaupt noch etwas mit Kultur zu tun habe, ob der Staat nicht dazu da sei, nur technische und soziale Aufgaben zu bewältigen, ob die Kultur nicht außerhalb der Kompetenz des Staates liege und vom sozial betreuten Bürger privat zu betreuen sei. Nun stellt die Kultur ein immenses Feld menschlicher Betätigung dar. Als Dramatiker möchte ich mich nur mit der Theatersituation der heutigen Schweiz befassen. Die deutschschweizerischen Kantone und Städte geben im Jahr ungefähr dreißig Millionen Franken für ihre Theater aus, d.h. so viel wie 1 ⅓ Mirage kosten. Aber wir haben uns nicht mehr zu fragen, ob wir zu wenig oder zu viel für unsere Theater ausgeben, sondern, ob der Theaterbetrieb, den die Kantone und die Städte aufrechterhalten, noch so viel wert sei. Diese Frage können wir nur beantworten, wenn wir uns überlegen, was Theater sein sollte und was es nicht sein sollte. War einmal das

Theater der einzige Ort der dramatischen Kunst und hatte es damit eine bestimmte gesellschaftliche Funktion zu erfüllen, so hat sich die Dramatik heute gleichsam aus der Allgemeinheit zurückgezogen. Sie lebt im Kino als Produktion einer gewaltigen Illusionsindustrie weiter und wird dem Einzelnen durch den Rundfunk und durch das Fernsehen zu bescheidenen Gebühren ins eigene Heim geliefert. Das Theater ist längst kein Massenmedium mehr, das es einst in den griechischen Städten war, sondern ein exklusiver Ort für solche, die sich für eine exklusive Kunst interessieren. Die alte Form des Theaters, die heute noch, durch Subventionen unterstützt, mühsam dahinvegetiert, entstand in der Zeit des Absolutismus. Jeder Fürst wünschte sein eigenes kleines Versailles zu besitzen und damit sein eigenes Theater. Was sich die Fürsten leisteten, wollten sich später die Bürger auch leisten. Sie übernahmen das Hoftheater und machten daraus das bürgerliche Theater. Dazu kam, daß die Distanz zwischen den verschiedenen Kulturzentren beträchtlich war. Sie ließ sich in den damaligen Zeiten nur mit Kutschen, zu Pferd oder zu Fuß bewältigen. Heute haben sich die Distanzen geändert. Wir sind dabei, durch die Schweiz ein Netz von Autobahnen zu legen; ein verkehrstechnisch gewiß löbliches und notwendiges Unternehmen, das dem Schweizer jedoch einen Schock versetzen wird, über den er sich bis jetzt durch seine ungenügenden Straßenverhältnisse hinwegzuschwindeln vermochte. Es wird ihm die Kleinheit seines Landes bewußt werden, die Städte werden zusammenwachsen, die Rivalitäten der Kantone zu Rivalitäten von Vororten werden. Kurz, aus der Schweiz wird endgültig ein Liechtenstein. Damit wird sich aber auch die Frage stellen, ob wir noch weiterhin eine Vororts-Theaterpolitik treiben können oder ob sich das Theaterproblem nicht auf gesamtschweizerischer statt kantonaler Ebene lösen lassen müsse.

Sie werden sich fragen, was denn unsere Autobahnen mit der Kultur zu tun haben, als deren geehrter Träger ich vor Ihnen stehe. Die Kultur hängt von vielen Faktoren ab. So wie das Wetter etwa vom Einfallswinkel der Sonnenstrahlen, von der Bodenbeschaffenheit, von der Luftfeuchtigkeit, von der Windrichtung und von vielen anderen Voraussetzungen abhängt, so hängt auch die Kultur eines Volkes von vielen Faktoren ab: von seiner historischen Entwicklung, von seiner politischen Struktur, von der Art, wie seine Bewohner zusammenleben, von den vorherrschenden Sitten usw. Wie das Wetter ist auch die Kultur veränderlich und nur ungenau vorauszubestimmen. Vor allem aber ist sie nicht, wie man im Westen und im Osten glaubt, ein Besitz. Wir meinen, daß wir Kultur besitzen, wie wir Häuser, Vermögen oder Armeen besitzen. Wir halten uns für kultiviert. Gewiß, die unzivilisierten Völker gehen nicht in Konzerte und Theater, um mit der Jupitersinfonie, mit Beethovens Neunter, mit Shakespeares *Hamlet* oder mit Goethes *Faust* zu demonstrieren, daß sie Kultur besitzen. Sie schnitzen ihre Götzen und machen ihr Tam-Tam und ihre Tänze selber. Sie sind an ihrer sogenannten Unkultur beteiligter als wir an unserer sogenannten Kultur. Sie produzieren, wir genießen. Wir reden heute viel von der Kulturrevolution Chinas und stellen diese Kulturrevolution als eine Barbarei dar. Genau das tun die Russen auch. Auch für sie ist die Kultur ein heiliger Besitz, ein unantastbarer Begriff, eine unangreifbare Tradition. Daß China eine völlig andere Kultur besaß als wir, daß seine

Kultur nur für die Privilegierten möglich war und nicht
für das Volk, nehmen wir nicht zur Kenntnis. Doch sind
wir keine Chinesen. Ihr Weg ist nicht der unsrige. Wir
haben keine Kulturrevolution nötig; was wir benötigen,
ist eine Kulturevolution. Ich nehme unsere Demokratie
ernst und damit auch unsere Kultur, die Kultur Europas.
Eine Kultur ernst nehmen heißt sie beim Wort nehmen.
Die Kultur Europas veränderte die Welt nicht in erster
Linie durch ihre Kunstwerke, weder durch ihre Literatur
noch durch ihre Architektur, sondern durch ihr Denken.
Das Denken Europas, das die Welt veränderte, ist das
wissenschaftliche Denken. Wissenschaftliches Denken ist
kritisches Denken, und so haben wir auch unsere Kultur
zu betreiben: kritisch. Nicht als eine passive Kunst, die
gedankenlos alte Formen wiederholt, die uns eine heile
Welt vorgaukelt, die nur in den Gehirnen der Literaturhistoriker existiert, sondern als eine aktive Kunst, die
sich immer wieder neu durchdenkt. Das bedeutet nicht,
daß ich als Theatermann die alten Werke unserer Klassiker, ob es sich nun um Sophokles, Aristophanes, Shakespeare, Lessing, Goethe oder Büchner handelt, mißachte.
Es bedeutet nur, daß ich sie kritisch neu durchdenke und
ihre Werke nicht bestaune, wie die Alten die Werke des
Aristoteles bestaunten, als unfehlbare Schriften. Auch in
den Klassikern steckt Revolution. Vieles, was sie schrie-
ben, verschlüsselten sie, weil es gefährlich war, es unver-
schlüsselt zu schreiben. Wir haben sie auf unseren Bühnen wieder zu entschlüsseln. Doch was für die Klassiker
gilt, gilt auch für die Modernen. Auch sie sind nicht
gedankenlos hinzunehmen und als Sensation zu betrachten. Auch ihre Werke sind durch Denken überprüfbar.
Wir Schriftsteller in der heutigen Schweiz haben es mei-

stens leichter als die Schriftsteller vergangener Zeiten. Nicht immer. Denn es gibt auch in unserem Lande Denker, die boykottiert werden, und es gibt auch in unserem Lande Behörden, die dem Volke nicht anders gegenüberstehen als ein chinesischer Beamter der kaiserlichen Zeit seinen Bauern und Händlern oder ein russischer Parteisekretär seinem Volke gegenüber. Es gibt auch in unserem Lande Politiker, die nicht ein Nachdenken, sondern ein Nachbeten ihrer Politik fordern.

Es stellt sich damit die Frage, welche Politik der Staat unseren Theatern gegenüber zu betreiben habe. Es ist sinnlos, daß er Theater subventioniert, welche die Stücke, die sie aufführen, ob es nun Klassiker oder moderne Stücke seien, nicht in harter Arbeit neu durchdenken. Es ist sinnlos, öffentliches Geld an Theaterstücke zu verschwenden, die im Fernsehen, und damit in der Wohnstube, besser zu sehen sind als im Theater. Doch was für den Staat gilt, gilt auch für die Stückeschreiber. Auch sie machen mit den andern Bürgern den Staat aus. Es ist sinnlos, Theaterstücke zu schreiben, für die keine Berufsschauspieler, sondern Laiengruppen gebraucht werden, und diese Theaterstücke durch Schauspieler, die ihren Beruf erlernt haben, mit öffentlichen Geldern zur Darstellung zu bringen. Es ist sinnlos, das Theater für irgendeine politische Tendenz zu verwenden, die auf Spruchbändern oder mit Zeitungsartikeln deutlicher darzustellen ist. Das Theater ist nicht eindeutig, sondern mehrdeutig, weil die Menschheit ihrer politischen Struktur nach und in ihrer wirtschaftlichen Verflochtenheit nur mehrdeutig und nicht eindeutig darzustellen ist; und es ist endlich sinnlos, Theaterstücke zu schreiben, die das Medium Film besser bewältigt, oder Theaterstücke subventionieren zu lassen, die sich für das Show-Geschäft eignen und damit ein privates Geschäft darstellen. Das Denken des Theaters, auch wenn es kritisch ist, bleibt ein theatralisches Denken. Die Aussage des Theaters, auch wenn sie auf die Politik zielt, und sie muß auf die Politik zielen, bleibt eine theatralische Aussage. Das Theater kann nichts anderes sein als Theater. Daß es sich dessen bewußt wird, macht es zum kritischen Theater. Der Staat hat von den Theatern harte Arbeit zu fordern, wenn er sie schon subventionieren will, so wie die Theaterschreiber, die Schauspieler und Regisseure von sich harte Arbeit fordern müssen, wollen sie für die Bühne arbeiten. Theater macht man nicht mit der linken Hand. Doch harte Arbeit erfordert Zeit. Die dreißig Millionen, welche die deutschsprachige Schweiz jährlich für ihre Theater ausgibt, stellen nicht eine zu kleine Summe dar, aber sie sind nichts als ein Luxus, den sich der Staat leistet, um sich den Anstrich zu geben, etwas für die Kultur zu tun, vor allem, weil er sie mit Bedingungen verknüpft, die die Bühnen hindern, das zu sein, was sie sein sollten: heutige Bühnen. So hätten wir etwa in Basel in zwei Jahren für sechzehn Millionen Franken Subventionen dreiundsechzig Produktionen abliefern müssen. Eine solche Leistung setzt einen technischen Apparat, eine Menge von Regisseuren und eine Denkkraft voraus, die kein Theater der Welt aufzubringen vermag. Wenn uns hin und wieder anständige Produktionen gelangen, so nur, weil der größte Teil unserer Produktionen überflüssig, und flüchtig gearbeitet war. Die Stadt Basel – und mit ihr andere Städte – zwingt durch ihre Kulturpolitik das Theater zur Mittelmäßigkeit und gewöhnt, was noch schlimmer ist, sein Publikum daran, das Mittelmäßige als Kulturleistung hinzunehmen.

Was ist zu tun? Gibt es einen Ausweg aus einer Theaterpolitik, der kein Scheinweg ist? Wir glauben, daß mit
Geld alles zu kaufen sei, gute Waren und gute Waffen,
aber eine gute Kultur ist mit Geld allein nicht einzukau-
fen, ebensowenig wie gute Soldaten. Gewiß brauchen wir
Geld für unsere Schulen, für unsere Forschungsinstitute,
aber nicht nur Geld allein, auch Männer, die forschen
wollen und nach deren Vorschlägen das Geld anzuwenden ist. Ebenso steht es mit der Theaterpolitik. Nicht die
Politiker haben einen Ausweg aus unserer Theatersituation zu finden, sondern wir, die wir auf und mit der
Bühne arbeiten. Die Politiker haben uns nur zu helfen,
unsere Arbeit zu verwirklichen. Das Gouvernement-
Denken hat bloß deshalb bei uns so groteske Formen
angenommen, weil wir uns nicht nur regieren lassen,
sondern auch das Denken den Regierenden überlassen.
Daß jede Art von Kritik in der Schweiz als destruktiv
empfunden wird, liegt an uns. Wir haben jene, die uns
regieren, durch unsere Kritiklosigkeit verführt, in jeder
Kritik ein unpatriotisches Denken zu vermuten. Nicht
die Regierung macht die Kultur, wir machen sie. Nicht
eine Stadt macht das Theater, die Theaterschaffenden
machen es. Die Theatersituation der deutschsprachigen
Schweiz entspricht nicht mehr der Wirklichkeit. Wir
müssen weniger produzieren, um besser arbeiten zu
können.

Alles, was das Theater zwingt, zu viel zu produzieren,
muß abgeschafft werden. Ein Abonnementsystem, das
Abonnenten möglichst viele Theaterstücke anbietet und
so das Theater zwingt, möglichst schnell und damit
möglichst flüchtig zu arbeiten, ist untragbar. Wir haben
die dreißig Millionen, welche die deutsche Schweiz ihren

Theatern jährlich gewährt, als eine Chance zu betrachten, Qualität und nicht Quantität zu liefern, und von den Städten, die diese Summe gewähren, Qualität und nicht Quantität zu fordern, wollen sie eine echte Kulturpolitik treiben; und treiben sie endlich einmal eine echte Kulturpolitik, werden sie auch mehr für sie ausgeben, denn nur für Ausreden gibt man nicht gerne Geld aus. Ein Theater, das im Jahre höchstens zehn gute, wohldurchdachte und sorgfältig inszenierte Aufführungen zustande bringt, hat seine Pflicht erfüllt, auch wenn es ein- oder zweimal in der Woche nicht spielen kann. Nicht zufällig traf ich das beste Theater in Polen an, wo jedes Theater nur wenig produziert, aber das wenige außerordentlich. Ferner glaube ich, daß die Städte ihre Theaterproduktion einander zeigen sollten, daß es ein Unsinn ist, wenn eine gute Inszenierung des Zürcher Schauspielhauses nicht auch in Basel, Bern, Luzern, St. Gallen usw. gezeigt werden kann und umgekehrt. Mag die Schweiz als staatliches Gebilde nur von den Gemeinden her zu verstehen, mag der Föderalismus politisch noch so wichtig sein, im Kulturleben gelten andere Aspekte. Es gibt heute moderne schweizerische Schriftsteller, sogar moderne berndeutsche Schriftsteller, die ihren Dialekt nicht als Medium einer Blut- und Bodenliteratur oder zur Verherrlichung des alten Bern benutzen, sondern als modernes Sprachexperiment einsetzen. Die Schweiz befindet sich in einer Evolution, die nicht mehr aufzuhalten ist. Das Veraltete vermag nicht mehr zu überleben. Ebensowenig, wie wir ohne Fremdarbeiter auskommen, kommen wir ohne die Ideen aus, die überall, auch bei uns, neu überdacht werden. Wir müssen uns im klaren sein, daß die ungeheuren Veränderungen, die in der Welt geschehen, ob wir sie nun gutheißen oder verdammen, nur dadurch entstehen können, daß der Mensch sich selber kritisch zu interpretieren anfing, daß der Mensch sich als biologisches und soziologisches Wesen begriff, daß der Mensch sich selber zu seiner Sache machte, und so müssen wir uns und unser Land auch selber zu unserer Sache machen. Die Schweiz hat zu begreifen, daß sie nicht mehr die Schweiz Wilhelm Tells ist, sondern eine Schweiz der Mirage-, der Bührle- und der Florida-Affären, eine Schweiz, die noch nicht einmal das Frauenstimmrecht zu verwirklichen vermochte, eine Schweiz, die durch ihre Demokratie der Demokratie im Wege steht, weil auch die Demokratie, wie die Kultur, kein Besitz ist, sondern eine Aufgabe darstellt, die täglich in mühseliger Kleinarbeit erfüllt werden muß.

Daß ich hier als bernischer Kulturpreisträger zu Ihnen reden darf, ehrt mich, aber ich nehme diesen Preis nicht als ein Alibi entgegen, das bezeugen soll, der Kanton Bern habe neben anderem auch noch etwas für die Kultur übrig, sondern ich sehe in diesem Preis einen Auftrag, den mir die bernische Regierung erteilt, in meinem Sinn Kulturpolitik zu betreiben. Ich bin deshalb Ihnen und dem Kanton Bern Rechenschaft schuldig, wie ich die fünfzehntausend Franken anzuwenden gedenke. Ich bin seit dreiundzwanzig Jahren Schriftsteller und nur Schriftsteller. Die ersten Jahre waren hart. Ich bin von vielen bekannten und unbekannten Schweizern, von Privatleuten und öffentlichen Institutionen unterstützt worden, und ich bin noch jetzt dankbar dafür. Ich wäre damals froh gewesen, einen Preis von fünfzehntausend Franken entgegennehmen zu können, doch wie es im

Leben so ist, die Preise kommen, wenn man sie nicht mehr braucht. Ich vermag mich längst aus eigener Kraft zu ernähren, wenn auch das Geld, von dem ich lebe, der Hauptsache nach nicht von der Schweiz kommt. Mein erster wirklicher Mäzen waren die deutschen Rundfunkanstalten, die mir für Hörspiele Preise offerierten, mit denen der Schweizerische Rundfunk nicht konkurrieren konnte. Dann kamen die Theater vieler Länder, vor allem die Theater Deutschlands, die mir ein sorgenfreies Arbeiten möglich machten. Ich lebe in der Schweiz, aber ich lebe nicht von der Schweiz. Doch habe ich diese paradoxe Situation nie als unnatürlich empfunden. Wie wir ein Zusammenwachsen der Menschheit erleben, so schließen sich auch die Kulturen zusammen. Aus welchem Winkel der Erde wir schreiben, ist gleichgültig. Nur dürfen wir uns nicht überschätzen. Nicht wir gestalten die Welt, die Welt gestaltet uns. Nicht wir verändern sie, wir werden durch sie verändert, ja, ich muß den traurigen Satz aussprechen, daß nicht die menschliche Vernunft die Menschheit vor dem Selbstmord bewahrt, sondern die Not, die den Menschen in ihre harte Schule nimmt. Was wir als Einzelne tun können, ist wenig: das Unsrige. So kann ich auch wenig für die bernische Kultur tun. Ich habe beschlossen, den Preis, der mir verliehen worden ist, aufzuteilen und damit meine Pflicht als Auslandsberner dem Kanton Bern gegenüber zu erfüllen.

Das erste Drittel meines Preises übergebe ich in meiner Eigenschaft als Schriftsteller dem Schriftsteller Sergius Golowin, der die Geschichte des nicht offiziellen Bern erforscht. Sein Herz gehört den Vogelfreien unseres Rechtsstaates. Er sucht Gerechtigkeit für jene, die für uns immer unrecht haben.

Das zweite Drittel teile ich in meiner Eigenschaft als Journalist aus, der ich als Schriftsteller auch bin: dem Journalisten Ignaz Vogel. Er setzt seine ganze Kraft für die ›Neutralität‹ ein, für eine Monatszeitschrift, die er selber gründete und in der viele gute Männer schreiben. Er tut, was wir alle tun sollten: er nimmt uns, und damit die Schweiz, nicht als Ausrede, sondern ernst.

Mit dem letzten Drittel möchte ich einen Mann ehren, der im Kanton Bern seiner politischen Gesinnung wegen verfemt ist. Er hat eine Idee ins politische Spiel geworfen, die vielen nicht genehm ist: die Idee des Zivildienstes. Für diese Idee bringt er persönliche Opfer. Er wird als Antipatriot hingestellt und als Dienstverweigerer bestraft. Ich meine den bernischen Großrat Arthur Villard.

Ich bin nicht gegen die schweizerische Armee. Sie ist in unserem Volke populär. Aber ich sehe nicht ein, daß sich die Schweiz keinen Zivildienst leisten könnte, wie ihn Arthur Villard fordert. Ich halte diesen Patrioten, der unter harten Umständen zu leben hat, für einen echten Nachkommen jener Revolutionäre, die stets den wirklichen Ruhm der Schweiz ausmachten, für einen echten Nachfahren Calvins, Zwinglis, Hallers, Pestalozzis, Henri Dunants, Karl Barths. Die Funktion der Schweiz liegt nicht in der Stabilität ihrer Regierung oder in der teilweise formalen Vorbildlichkeit ihrer demokratischen Institution. Sie liegt darin, daß sie immer wieder ein Schlupfwinkel für die echten Revolutionäre zu sein vermochte. Rousseau lebte bei uns, Büchner starb bei uns, Lenin hielt sich bei uns auf, und einer der größten wissenschaftlichen Revolutionäre aller Zeiten, Albert Einstein, stellte hier in Bern seine spezielle Relativitätstheorie auf. Arthur Villard ist ein Beweis, daß unter ihrer konservativen Bettdecke die revolutionäre Schweiz zwar bisweilen schläft, aber immer wieder wach wird, unbequem und hartnäckig für uns alle. Gerade jene, die von der geistigen Landesverteidigung verdächtigt werden, besitzen in Wirklichkeit noch jenen Wert, den die heutige Schweiz zu verlieren droht und der allein ihre Größe ausmacht: den Mut.

Zur Dramaturgie der Schweiz

Fragment
1968/70

Dramaturgie vom Stoffe her: Eine Untersuchung über einen bestimmten Stoff auf seine Möglichkeiten hin, auf der Bühne dargestellt zu werden. Eine Dramaturgie der Schweiz: Eine Untersuchung der Möglichkeiten, die Schweiz auf der Bühne darzustellen, oder, spezifischer, eine Untersuchung der Möglichkeiten, aus bestimmten Konflikten und Aspekten der Schweiz Theater entstehen zu lassen. Doch ist der Gegenstand der Untersuchung noch zu präzisieren: Nicht die historische Schweiz, die Schweiz der Gründungszeit usw. ist der Gegenstand dieser Dramaturgie, sondern die heutige Schweiz und damit, als der Ausgangspunkt dieser Dramaturgie, die Schweiz, aus der die heutige Schweiz hervorging, die Schweiz in der Zeit des Zweiten Weltkrieges. Aus dieser Zeit ist die heutige Generation hervorgegangen, die Frage nach ihrer Vergangenheit meint ihr Verhalten während dieser Zeit. Die Gründung der Eidgenossenschaft ergab Theater, Welttheater: Schillers *Wilhelm Tell.* Die Frage lautet daher: Gibt die heutige Schweiz und ihre unmittelbare Vergangenheit Welttheater her? Lokales Theater gibt jeder Stoff her, in seiner künstlerischsten Form ist es das Kabarett, das gerade davon lebt, vom lokalen und lokal begriffenen Stoff auszugehen, und hervorragendes Kabarett besaß die Schweiz während des Zweiten Weltkrieges und auch heute, immer. Doch die Dramaturgie meint das Welttheater: Theater muß überall verständlich sein, ohne den Willen, Welttheater hervorzubringen, ist die Dramaturgie eine bloße Ansammlung theatralischer Küchenrezepte. Doch wird die Frage nach dem schweizerischen Theater heute anders gestellt, nicht ohne moralischen und politischen Vorwurf: Die Meinung ist aufgekommen, daß ein Theater, indem es sich eine unbewältigte Vergangenheit zum Stoffe setze, diese Vergangenheit auch nachträglich bewältige, so daß denn die Frage lautet, auf die Schweiz transponiert, warum denn eigentlich die schweizerischen Dramatiker nicht die schweizerische unbewältigte Vergangenheit bewältigten, warum es kein schweizerisches Theater über die Schweiz im Zweiten Weltkrieg gebe, denn es gibt keins, und auch Frischs *Andorra* ist kein Theater darüber: Indem Frisch eintreten läßt, was nicht eintrat und was so, wie es Frisch eintreten läßt, auch nirgendwo gerade so eintrat, ist ›Andorra‹ wesentlich nicht die Schweiz, obgleich Frisch offensichtlich die Schweiz meint. Frischs symbolisches Schicksal, das er über ›Andorra‹ verhängt, ist mit keinem faktischen politischen Schicksal eines überfallenen, geschweige denn eines nichtüberfallenen Landes identisch und gerade deshalb kein Modellfall eines Schicksals (was nicht heißen will, daß ›Andorra‹ die Schweiz nichts angehe). Die Antwort ist leicht zu geben. Der Grund, weshalb die Schweiz keine Theaterstücke über ihre unbewältigte Vergangenheit besitzt, liegt einfach darin, daß die Schweiz keine unbewältigte Vergangenheit aufweist.

Aspekte einer bewältigten Vergangenheit: Wer einen Stoff dramatisch behandeln will, prüfe ihn vorerst auf seine dramaturgische Tragfähigkeit hin. Dramaturgisch tragfähig ist das Exemplarische, das Gleichnishafte usw., dramaturgisch fragwürdig das nur regional Verständliche, das allzu Spezielle. Wollen wir die Schweiz als dramatischen Stoff behandeln, müssen wir sie deshalb dramaturgisch durchdenken. Was gibt ihre Vergangenheit dramaturgisch her, was die Gegenwart? Dramaturgisch denkt man einen Stoff durch, indem man seine menschlichen und politischen Aspekte untersucht. Die Aspekte eines Stoffs bestimmen sein dramatisches Gefälle, sie lassen sich in die dramaturgischen Spielregeln umwandeln, die im Stoff enthalten sind. Natürlich läßt sich jeder Stoff so lange dramaturgisch umformen, bis er dramatisch wird, je weniger dramaturgische Kunstkniffe er jedoch braucht, um dramatisch zu werden, desto dramatischer ist der Stoff: Seine Aspekte sind dann an sich dramatisch, an sich dramaturgisch wirksam. Durchdenkt man unter diesen Voraussetzungen unsere Vergangenheit, ergeben sich folgende Aspekte: Die Schweiz hatte politisch nur eine Aufgabe zu lösen, die alle andern politischen Aufgaben nebensächlich machte, die sich damals noch stellten: Den Krieg vermittels ihrer Politik zu vermeiden, und sie vermied ihn vermittels ihrer Politik. Eine andere Frage ist natürlich, wie sie ihn vermied. Unsere Politik war so, wie wir selber waren, so wie unsere Politik jetzt ist, wie wir selber sind. Die Politik ist nicht besser als die Menschen, die sie betreiben; ein Satz, der sogar dort zutrifft, wo man sich einbildet, die Politik sei eine Wissenschaft. So zogen wir uns denn schweizerisch aus einer unmenschlichen Lage: Nicht unklug, mit hohem moralischem Anspruch und mit moralisch oft bedenklicher Praxis. Neutralität ist eine politische Taktik, keine Moral. Neutralität ist die Kunst, sich möglichst nützlich und möglichst ungefährlich zu verhalten. Wir waren auch Hitler gegenüber möglichst nützlich und möglichst ungefährlich. So sparte er uns für die Siegesfeier auf, und wir wurden nicht gefressen, damit hatten wir spekuliert. Unser Land war eingekreist. Wir waren uneiniger, als wir jetzt sind. Als bürgerliche, gegen den Marxismus konzipierte Ideologie stieß der Nationalsozialismus bei uns auf weniger Widerstand als heute der Kommunismus, doch waren im Bürgertum die demokratischen Kräfte stark, und es gab noch eine echte Sozialdemokratie. Unsere Fehler und unsere Tugenden, unsere Feigheit und unser Mut, unsere Unterlassungen und unsere humanen Gesten, unsere Dummheit und unsere Klugheit, unser Nachgeben und unser Widerstand dienten unbewußt und bewußt nur dem Ziel, davonzukommen. Und so kamen wir denn davon. Wir lavierten uns zwischen den Beinen des Dinosauriers hindurch ins Freie. Auch mit Glück, gewiß. Doch ist davongekommen zu sein eine Entschuldigung, die politisch genügt; in einer unanständigen Zeit ist nur relativ eine anständige Politik möglich. Unser Davonkommen war nicht vorbildlich, auch eine erfolgreiche Politik hat ihre bitterbösen Seiten. Wir ließen unsere Opfer nicht ins Land oder schoben sie wieder über die Grenze und damit aus unserem Bewußtsein. Wir hatten Verräter, wir erschossen sie, wir hatten Mitläufer, wir vergaßen sie, wir hatten Antisemiten, wir haben sie noch. Wir bewährten uns, indem wir es nicht ganz zur Bewährung kommen ließen, wir hielten an unseren Idealen fest, ohne sie unbedingt anzuwenden, wir schlossen die Augen, ohne gerade blind zu werden. Tell spannte zwar die Armbrust, doch grüßte er den Hut ein wenig – beinahe fast nicht –, und das Heldentum blieb uns erspart.

Aspekte der politischen Folgen unserer bewältigten Vergangenheit: Eine Vergangenheit ist dann dramaturgisch wichtig, wenn wir aus ihr Schlüsse für die Gegenwart zu ziehen vermögen. Ein Stück gegen die Reisläuferei ist allein deshalb kein besonders glücklicher Stoff, weil es heute bei uns keine nennenswerte Reisläuferei mehr gibt. Schlüsse aus der Vergangenheit für die Gegenwart ziehen wir am leichtesten dann, wenn wir die Vergangenheit mit der Gegenwart gleichsetzen. Davon lebt weitgehend unsere Politik, es ist gleichsam ihr dramaturgischer Kniff. Sie setzt Kommunismus gleich Nationalsozialismus. Unsere absolute Gegnerschaft gegen den Kommunismus leiten wir gern von unserer Erfahrung mit Hitler ab, während in anderen Staaten, deren Erfahrung mit den Nazis eine wirkliche Erfahrung war, die Furcht vor dem Kommunismus weit undrastischere Formen annimmt als bei uns. Es ist deshalb gerade für eine Dramaturgie der Schweiz wichtig, die Zaubergleichung zu überprüfen, stimmt der Schluß, den wir aus der Vergangenheit ziehen, ist der Kommunismus wirklich dem Nationalsozialismus gleichzusetzen, sind die Möglichkeiten zu dramatischen Stoffen groß, denn der Sinn der Formel ist klar, der Zweite Weltkrieg wird fortgesetzt in Form des kalten Krieges, wir sind vom Kommunismus bedroht, wie wir von den Nazis bedroht waren, wir leben in einer Welt, in der die Freiheit gegen die Diktatur kämpft. Nun ist es selbstverständlich wahr, daß der Kommunismus unsere Freiheit bedroht, aber nur insofern unsere Freiheit nicht stimmt. Ich halte zwar das Ziel des Kommunismus, die klassen- und staatenlose Gesellschaft, für eine Utopie, doch sein paradoxes Resultat, neue Staatsformen mit neuen Klassen zu schaffen, für etwas relativ Bleibendes. Den Faschismus dagegen halte ich für etwas Zyklisches, Nazis wird es immer wieder geben. Weil nun alles Bleibende sich wandelt, wandeln sich auch die kommunistischen Staatsformen. Sie gruppieren sich um und gegeneinander. Sie hindern sich selbst an einer kommunistischen Weltregierung. Sie normalisieren sich, wenn auch nicht gleichzeitig. Sie arrangieren sich je nach Möglichkeit mit der Außenwelt, und die Außenwelt arrangiert sich mit ihnen. Wir müssen uns daher mit der kommunistischen Welt und mit ihrer Evolution abfinden und auch damit, daß es in der freien Welt, wie wir sie nennen, schlimmere Regierungsformen gibt als ein kommunistisches System. Was gegen den Kommunismus ist, ist noch lange nicht für die Freiheit. Der Kommunismus ist nicht das Schlimmste, er bedeutet für viele Länder einen wirklichen Fortschritt, wenn auch nicht für alle. Wir müssen uns mit dem Kommunismus nicht momentan, sondern dauernd auseinandersetzen. Koexistenz ist deshalb keine List, sondern eine Notwendigkeit. Was wir als List anschauen, sind nur die ideologischen Ausreden der Kommunisten, mit denen sie ihre Koexistenz zu verbrämen suchen, auch wir handeln nicht anders: Wir koexistieren, indem wir mit dem Osten Handel treiben. Auch wir beteuern gleichzeitig unseren Antikommunismus, um uns ideologisch zu beschwichtigen, als Freipaß für unseren Handel fordern wir gleichsam ein handfestes, demokratisches Lippenbekenntnis. Unser übertriebener Antikommunismus ist zu einem Ritual geworden, zu einem Stammestanz der Schweizer. Er ist emotional. Er hängt mit unserer bewältigten Vergangenheit zusammen. Wir wurden verschont. Wir mußten unsere politische Gerissenheit mit einer moralischen Einbuße bezahlen. Wir standen in der heldischen Welt der Kriegsgewinner plötzlich als Kriegsgewinnler da, ohne Möglichkeit, uns wie die Deutschen vom Heldentum aufs Leiden umzustellen, wir hatten nicht einmal gelitten. Wie der Reiter nach seinem Ritt über den Bodensee vom Pferde sank, fielen wir nachträglich in eine moralische Krise. Gewohnt, als Vorbild zu gelten, versuchen wir seitdem, wieder eines zu werden. Da wir keine Kriegshelden waren, wollen wir nun wenigstens die Helden des kalten Krieges sein. Unser Antikommunismus ist daher nicht frei von einem schlechten Gewissen.

Unsere bewältigte Vergangenheit spielt uns immer wieder einen Streich. Sie behindert unsere Gegenwart wie eine Altstadt den Verkehr. Sie verleitet uns immer wieder zu falschen Schlüssen. Das zeigt sich auch in unserem militärischen Denken. Das Reduit war noch eine realistische und darum schweizerische Idee. Man baute die Alpen zu einer Festung aus und plante, im Ernstfall die übrige Schweiz nicht zu verteidigen. Wir mußten für Hitler arbeiten, und seine Züge rollten durch unsere Tunnel nach Italien. Doch gerade dadurch besaßen wir eine Waffe gegen ihn, die Fabriken, die Tunnel konnten gesprengt, das Land unrentabel gemacht werden. Rein militärisch gesehen war das Reduit absurd. Es erfüllte die Hauptaufgabe einer Armee nicht, das Volk zu schützen. Es wollte die Armee retten und das Volk ausliefern. Doch strategisch war es eine überaus listige Idee, die unmittelbar jedem einleuchtete. So konnte das Reduit zu einem Mythos eines möglichen Widerstandes werden. Nun haben wir den Mythos eines unmöglichen Wider-

standes. Die Armeeführung kompensiert den Minderwertigkeitskomplex, den ihr die nicht stattgefundene
Feuertaufe hinterlassen hat. Sie will nicht mehr listig, sie
will heldisch sein. Sie redet sich ein, Hitler habe die
Schweiz aus Furcht vor unserer Armee nicht angegriffen,
und geht von der Fiktion aus, eine mögliche Niederlage
unserer Armee sei auch der Untergang der Nation. Um
diesen Untergang zu vermeiden, entwickelt sie Abschrek-
kungsstrategien. Sie fordert eine Armee, deren Schlag-
kraft imstande sein soll, jeden zukünftigen Feind abzu-
schrecken. Doch steht hinter dieser Forderung nicht nur
der Wunsch nach einer vorbildlichen heldischen Hal-
tung, sondern auch die Furcht davor. Die wahre Vertei-
digungskraft der Schweiz kennt niemand. Sie ist noch nie
erprobt worden. Der Abwehrinstinkt des Volkes und der
Armee ist romantisch, von keiner Kriegserfahrung ge-
trübt. Heldentum ist etwas Schönes, Heldentum zu verlangen etwas Unmenschliches. Die Abschreckungsstrate-
gen wollen dem Volk den Schock des Krieges ersparen,
weil sie nicht wissen, wie das Volk auf diesen Schock
reagiert. Deshalb fordern sie Atombomben, die geradezu
das Symbol unseres militärischen Luxusdenkens geworden sind, und deshalb haben sie sich die Flugzeuge, diese
Bomben zu transportieren, für anderthalb Milliarden
angeschafft, wie im Fernsehen ein militärischer Experte
in naiver Unschuld zugab, womit die Frage wohl endlich
geklärt ist, warum es zum Mirage-Ankauf eigentlich
kam. Jede extreme Theorie führt sich selbst ad absurdum.
Die Abschreckungsstrategie ist nur unter Großmächten
relativ realistisch, für einen Kleinstaat ist sie illusorisch.
Eine Schweiz mit Atomwaffen widerspräche sich selber.
Ihre Neutralität würde fragwürdig und ihre Wehrbereit-

schaft leichtsinnig. In einem Atomkrieg liefe die Schweiz als Atommacht Gefahr, als potentieller Gegner en passant vernichtet zu werden, trotz ihrer Neutralitätserklärung, sicher ist sicher, ein Zwerg in der Rüstung eines Riesen wird als Riese behandelt, auch wenn er hundertmal beteuert, er sei ein friedlicher Zwerg geblieben; und in einem konventionellen Kriege könnte sie ihre Atomwaffen nicht anwenden, um nicht eine atomare Antwort zu provozieren. Die Schwäche der Abschreckungsstrategie besteht darin, daß sie nicht vom Ernstfall ausgeht, sondern von der Verhinderung des Ernstfalles, daß sie zu dieser Verhinderung Waffen braucht, die den Ernstfall, bricht die Verhinderung zusammen, zur hoffnungslosen Falle macht. Den Ernstfall kann man nicht militärisch verhindern, sondern nur mit einem geschickten diplomatischen Verhalten. Wir haben die Chance davonzukommen nur, wenn wir militärisch an sich nicht zu fürchten sind. Dieses ›an sich‹ kann nicht in unserer Neutralitätserklärung liegen, sondern nur in unseren Waffen. Deshalb kann gerade die Schweiz es sich leisten, keine Atomwaffen zu besitzen. Mehr als die Chance, mit diplomatischen Schachzügen davonzukommen, gibt es nicht, ein Angriff kann erfolgen, das Schlimmste eintreten. Deshalb brauchen wir eine Strategie, die vom Ernstfall ausgeht und nur von ihm. Wie dieser Ernstfall aussehen wird, wissen wir nicht. Deshalb können wir auch noch nicht unsere Strategie bestimmen. Wir können nur unsere Milizarmee sinnvoll ausrüsten. Nach ihrer Fähigkeit, und unserem Gelände entsprechend. Vielleicht wird ein zukünftiger Verteidigungskrieg ein totaler Volkskrieg sein müssen, vielleicht ein Untergrundkrieg, vielleicht nur der Widerstand einer verschworenen Bande, wir wissen es nicht. Immer wieder wehren sich kleine Völker mit Erfolg gegen Großmächte, jüngst in Algerien, jetzt in Vietnam, der Kampf Davids gegen Goliath ist eine ewig menschliche Situation. David hatte nichts als eine Steinschleuder. David mit einer Atomwaffe zerstört einen Mythos, den wir brauchen, um widerstehen zu können. Eine Niederlage ist nicht das Ende. Die Schweiz des neunzehnten Jahrhunderts ging aus einer Niederlage hervor, die gnädigen Herren von Bern wurden nicht vom Volk weggefegt, sondern von Napoleon, und im letzten Weltkrieg wehrte sich Dänemark überhaupt nicht. Erst nachträglich. Trotzdem stellen die Dänen keine schlechtere Nation dar als wir. Eine Nation geht nicht so leicht unter, nicht einmal im Osten.

Nur bedingt exemplarisch, nur mit Vorsicht mit der Gegenwart zu vergleichen, nur ein Hemmschuh für unsere Zeit, eine Verzögerung wie ein verpaßter Startschuß, gibt es daher bessere Stoffe als unsere bewältigte Vergangenheit. Das Volk, ein instinktiver Dramaturg, feiert sie denn nicht besonders, es bezieht seinen Widerstandswillen lieber aus den alten Schlachten Sempach und Morgarten, das waren noch Siege. Die Schweiz (wie etwa auch Schweden) ist der Tragik aus dem Wege gegangen, darum ist sie kein tragischer Gegenstand, sondern ein untragischer Fall in einer tragischen Zeit. Tragisch sind nur ihre Opfer. *Die letzte Chance* wäre ein größerer und damit wahrerer Film geworden, hätte er ein schlimmes Ende genommen, wären die Emigranten wieder ausgewiesen worden. Nicht, daß wir keine Emigranten aufgenommen hätten, doch Größe zeigt sich nur, wenn man zu seinem Versagen steht. Zu unserem Davonkommen gehört die Schuld; gerade hier erweist sich die Schweiz als klein, kleiner noch als auf der Landkarte. Sie sieht ihre Vergangenheit nur heldisch und human, sie will schuldlos davongekommen sein. Doch ist es falsch, unsere bewältigte Vergangenheit nun ins Teuflische umzudichten, daß sie menschlich war, genügt, man bedichte sie lieber überhaupt nicht. Es ist ja nicht schändlich, nichts literarisch Ergiebiges darzustellen. Daß die Deutschen so gern ihre Vergangenheit bewältigen, liegt vor allem daran, daß sie damals, als sie noch Nazis waren, als Weltmacht auftraten und so nachträglich auf das Interesse der Weltöffentlichkeit hoffen können. Mit einem gewissen literarischen Recht: ein Teufel mit internationaler Wirkung gibt mehr her als Füsilier Wipf. Ich persönlich mißtraue allem Nachträglichen. Wer nachträglich die Vergangenheit bewältigt, entschuldigt sie nur allzu leicht, wenn auch unfreiwillig. Plötzlich ist für viele ein Papst schuldiger als die Nazis, was nicht heißen will, daß der von den Diktatoren umzingelte Papst des Zeitalters der Diktatoren unschuldig gewesen sei, dieser Diplomat, der wie keiner seit langem absolutistisch regierte und der den Himmel mit Dogmen zu erobern suchte, weil er auf Erden machtlos war: Auch er mußte eine Suppe auslöffeln, die er sich nicht eingebrockt hatte, kein Wunder, daß er hineinblies, um sie abzukühlen. Daß er allzu vorsichtig laborierte, um als Hirte seiner Schafe die Wölfe nicht zu reizen, ist sicher, daß er die Opfer hätte verhindern können, eine Hypothese. So schleichen sich denn in die Bewältigungsstücke leicht Fiktionen ein, die Realität, die sie beanspruchen, ist fingiert, doch eine fingierte Vergangenheit zu bewältigen ist sinnlos. Nur das Opfer hätte das Recht, sich zu äußern. Das Opfer allein ist nichts Fingiertes. Doch die Opfer schweigen. Nur die Henker reden. Doch ihre Aussagen lassen sich nicht in eine Feierstunde verwandeln, sie ertragen keine literarische Manipulation. Ihre Aussagen gehören vor das Gericht. Vor das Jüngste. Doch gibt es noch andere Gründe, sich literarisch mit der Vergangenheit zu beschäftigen, als gerade deren Bewältigung. Die Literatur beschäftigt sich, streng genommen, nur mit der Gegenwart, weil sie selber Gegenwart ist, die Gegenwart eines Schriftstellers. Die Zeit, in der ein Schriftsteller lebt, kann ihn jedoch verführen, die Stoffe, die er behandeln will, historisch einzukleiden, oder, was auf das gleiche hinauskommt, in eine andere Kultur zu verlegen. Er ändert die Zeit oder den Raum oder beides. Brechts Vorliebe für China gehört dahin, eine exotische Welt ist eine verfremdete Welt, in fremden Milieus oder in fernen Zeiten lassen sich die Grundgedanken besser aufzeigen, die Fabel wird durch keine Naturalismen verwischt, der Dramatiker oder der Romancier hat gleichsam größere Narrenfreiheit. Vor und während des Zweiten Weltkrieges schrieb Cäsar von Arx seine historischen Dramen. Es war patriotisches Theater und appellierte an den Patriotismus, und so nützten sie denn auch folgerichtig die populäre Heldenzeit der Eidgenossenschaft im späteren Mittelalter aus: Durch den Patriotismus, an den sie appellierten, konnte die veränderte Struktur der heutigen Schweiz überspielt werden. War der Patriotismus jedoch im Zweiten Weltkrieg nötig, so wirkt er heute in gleich dosierter Menge nicht mehr zulässig. In Friedenszeiten senkt sich der patriotische Blutspiegel sogar bei uns, die literarische Beschäftigung mit unseren Helden ist nicht mehr aktuell, es sei denn im Kabarett, und die Armbrust ist nicht mehr die Nationalwaffe, sondern ein Warenzeichen. Vielleicht weil wir einen neuen Patriotismus brauchen, einen kühleren und sachlicheren, einen

Patriotismus, der sich auf die heutige Schweiz bezieht, auf die Schweiz der Mirage-Affäre und der Überfremdung und nicht auf jene von Sankt Jakob an der Birs. Vielleicht sind wir ein Stoff geworden.

Es fragt sich nur, welche Stoffe bei uns vorhanden sind. Es ist offensichtlich, daß im Vietnam-Konflikt oder in der Rassenfrage literarischer Sprengstoff liegt. Diese Vorgänge können für die Entwicklung der menschlichen Gesellschaft entscheidend werden oder sind es schon. Auch ist nicht zu leugnen, daß der irische Befreiungskampf oder der spanische Bürgerkrieg bedeutende Literatur hervorgebracht hat. Besitzen wir auch solche Stoffe? Ist zum Beispiel die Jurafrage imstande, Literatur hervorzubringen? Ich habe an sich nichts gegen einen jurassischen Kanton, ich halte ihn vom Föderalismus her für die einzige Lösung (warum nicht in der Form zweier Halbkantone?), wenn ich auch diese Lösung für rückschrittlich halte, die wie alles Rückschrittliche nicht frei von Komik wäre: Literarisch gibt sowohl der Föderalismus als auch die Auseinandersetzung der Separatisten mit den bernischen Behörden nicht mehr her als einige Kabarettnummern. Pathetisch oder im Stile Malraux' kann der Kampf nicht gestaltet werden. Ein Satz wie »das jurassische Volk führt einen Heldenkampf gegen die Berner« ist ein komischer Satz, weil er übertreibt. Dem Konflikt fehlt ein genügender politischer Stoff, um einen Heldenkampf auszulösen. Unsere Kantone sind nur noch historisch gewordene Gebilde, die heute fast nur noch fiktiv einer Wirklichkeit entsprechen und deshalb mehr oder weniger störend in die Gegenwart eingreifen. Der Kampf um einen freien Kanton ist bei allen rührenden

Zügen ein Luxuskampf, der jenen, die wirklich für die Freiheit kämpfen, ebenso unbegreiflich erscheint wie für einen Verhungernden das Toben eines Satten, der seine frugalen Mahlzeiten in Delémonter Geschirr statt in Langenthaler Porzellan serviert haben will. Deshalb das Abgleiten ins Völkische bei den Separatistenführern. Um den Kampf weiterzuschüren, müssen sie diese vagen und faschistisch belasteten Kategorien zu Hilfe nehmen, es bleibt ihnen nichts anderes übrig, der politisch legale Treibstoff ist ihnen längst ausgegangen. Damit wird das Volk in eine eingebildete Verzweiflung getrieben; an die Stelle einer physischen Zwangslage, die nicht vorhanden ist, tritt eine psychische, ein kulturell höherstehendes Volk wird nun von einem kulturell niederstehenden Volk unterjocht. Der Beweis ist nicht leicht zu erbringen, vor allem nicht, wenn Gleiches mit Gleichem verglichen wird. Ein jurassischer Bauer ist kaum kultureller als ein bernischer, Bauern haben eine gemeinsame Kulturstufe, und die Separatistenführer sind ja auch keine Bauern, sondern Intellektuelle, die Bauern dürfen nur die Häuser anzünden. Ein jurassischer Automechaniker ist nicht kulturell höher entwickelt als ein bernischer Automechaniker, ein jurassischer Gymnasiallehrer steht auf dem gleichen Gymnasiallehrerbildungsniveau wie sein bernischer Kollege. Um kulturell höher zu kommen als andere, muß man sich als Volk fühlen und als solches als ein Volk französischer Kultur, um so, mit Corneille und Racine im Rücken, gegen das bernische Volk aufzumarschieren, gleichsam zu einem mystischen Krieg unter Führung imaginärer Ahnen gegen imaginäre Barbaren: Nur das Blut, das einmal fließen könnte, ist dann nicht mehr imaginär. Deshalb wissen wir denn auch nicht, wie wir ihre Sprengstoffattentäter moralisch einzustufen haben. Sie sind weder Verbrecher noch Helden, sie sind eigentlich Narren, bei denen einem das Lachen vergeht. Gelacht wurde nur über den Bauern, dem sie das Haus abgebrannt hatten: Sein Französisch war mangelhaft.

Wir behaupten immer wieder, wir hätten das Zusammenleben verschiedener Kulturen gelöst, und stellen uns als europäisches Vorbild hin. Die Jurakrise beweist, daß diese Behauptung nicht stimmt, wir leben nicht mit den französischen und italienischen Schweizern zusammen, sondern beziehungslos nebeneinander her. Der Welschschweizer wurde zur Hauptsache aus religiösen Gründen Schweizer, jetzt, da die religiöse Frage nicht mehr ins Gewicht fällt, ist auch der Grund weggefallen, der ihn zum Schweizer machte, er weiß nicht, weshalb er eigentlich Schweizer ist, ja, er ist manchmal dem Franzosen gegenüber leicht geniert, Schweizer zu sein. Gerade deshalb ist er jedoch ein freierer und in manchen Belangen humanerer Schweizer als der Deutschschweizer, weniger dogmatisch, weniger lehrerhaft, weniger kalter Krieger. Für den Deutschschweizer ist die Schweiz eine wesentlich deutschschweizerische Angelegenheit, immer noch eine Gründung der alemannischen Urkantone. Er fühlt sich dem Deutschen gegenüber politisch überlegen und kulturell gleichwertig. Er besitzt denn auch für den Deutschen ein Schimpfwort, während es der Welsche für den Franzosen nicht besitzt und ›boche‹ nicht nur für den Deutschen, sondern auch für den Deutschschweizer verwendet. Der Welschschweizer fühlt sich oft dem Franzosen gegenüber kulturell minderwertig; da der Franzose nach Paris ausgerichtet ist, richtet auch er sich nach Paris

aus, er bekommt dann manchmal etwas Provinzlerisches.
Er ist ein Kulturkapitalist. Kultur ist für ihn etwas, das er
auf der Schule erwirbt, später auf der Bank der Gewohnheit anlegt und von deren Zinsen in Form von Sprache,
Stil, Wortspielen und Vorurteilen er lebt. Eigenes wird
selten beigefügt. Er liest französische Bücher und impor-
tiert durch das Pariser Versandgeschäft der Gala Kar-
senti französisches Theater; gegen diesen Import kommt
das eigene Theater kaum auf; der tumultuöse Erfolg einer
miserabel spielenden Truppe der Comédie Française in
Lausanne ist mir in bleibender Erinnerung. Dagegen
wird eine so tüchtige Truppe wie die des Théâtre Popu-
laire Romand nur sehr mäßig unterstützt. Ein Interesse
an der deutschen Kultur ist kaum vorhanden, die Kennt-
nisse sind rudimentär und auf das beschränkt, was in Paris
Mode geworden ist. Ein Professor einer Universität frag-
te mich, ob Georg Büchner in Ost- oder Westberlin lebe.
Den Minderwertigkeitskomplex Frankreich gegenüber
reagiert er mit einem Überlegenheitsgefühl dem Deutschschweizer gegenüber ab. Da seine Kultur hauptsächlich
rhetorisch ist, begründet er diese Überlegenheit hauptsächlich damit, daß er das Schweizerdeutsche als eine
minderwertige Sprache betrachtet. Da er vom Deutschen
keine Ahnung hat, es meistens haßt und es so lernt, wie
der Deutschschweizer etwa Lateinisch, das heißt, ohne es
zu sprechen, hat er auch keine Ahnung von der sprachlichen Chance des Deutschschweizers, in der Spannung
zwischen einer Redesprache und einer Schriftsprache zu
leben, und wird noch dadurch unterstützt, daß die meisten Deutschschweizer davon auch keine Ahnung haben.
Dazu kommt noch, daß Französisch und Deutsch einander entgegengesetzt sind, das Französische ist gleichsam

statisch, ausdefiniert und geschlossen, das Deutsche beweglich, formbar und offen. Das Problem sind nicht die Gegensätze, die Gegensätze sind natürlich, schwer wiegt nur, daß nichts aus diesen Gegensätzen entsteht, daß man die Chance nicht nützt, diese Gegensätze zu haben, daß der Deutschschweizer und der Welschschweizer aneinander nicht interessiert sind. Wir brauchen gemeinsame Aufgaben, Versuche nicht föderalistischer Art, Experimente, Kontakte und Dialoge, die darauf zielen, unsere Kulturen zu summieren. Ein Deutschschweizer, der nicht über die französische Kultur, und ein Welscher, der nicht über die deutsche Kultur informiert ist, haben eine Chance verpaßt, die ihnen eigentlich gerade die Schweiz bieten sollte. Kultur als ein nationales Kapital ist eine Fiktion, Kultur ist nur das Lebendige, das Schöpferische, das Wirkliche. Das behauptete Zusammenleben ist eine Aufgabe, die nicht dadurch gelöst werden kann, daß man sich vor ihr drückt. Dadurch werden nur die Kräfte frei, welche nun die Jurakrise in den Unsinn treiben. Die Schweiz, die nicht mehr imstande ist, sich einen neuen Sinn zu geben, löst sich auf, weil ihre alte Aufgabe in einem veränderten Europa weitgehend ihren Sinn verloren hat. Sie nützte einmal die natürliche Zentrifugalkraft kleiner Randgebiete aus, die sich weit von der Zentralkraft befanden, und formte mit ihnen einen Staat. Heute sind die Kommunikationsmittel unvergleichlich besser, die Randgebiete von den Zentren erfaßbar, Europa rückt zusammen. Ohne neue Aufgabe fällt die Schweiz nun ihrerseits ihrer eigenen Zentrifugalkraft zum Opfer, der Berner Jura ist ein Indiz dafür. Die Schweiz ist beim Wort genommen. Ihre Aufgabe ist zu sein, was sie behauptet zu sein.

Sätze aus Amerika

1970

1

Als wir nach New York flogen, mußte wegen des Sturm-
windes über dem Atlantik das Flugzeug so sehr nach
Norden ausweichen, daß plötzlich Grönland unter uns
lag, ein unermeßliches Land, ein Kontinent eigentlich.
Schneeberge, ein Massiv um das andere, gegen den Hori-
zont hin wilde Zacken, dazwischen Eisströme, alles gol-
den im Sonnenlicht. An den Küsten lösten sich die
Gletscher in Tausende von Eisbergen auf, die wie Segel-
boote nach Süden trieben, und zwischen ihnen, scheinbar
unbeweglich, ein winziges, schwarzes Schiff.

2

Die Schweiz ist fast so klein, wie man sie sich vorstellt,
und bedeutend größer, als man denkt. Im Kennedy-
Flughafen angekommen, umfuhren wir New York auf
einer meilenlangen Hängebrücke, deren Pläne mir ihr
Erbauer Ammann noch gezeigt hatte, als ich ihm 1959
zum letzten Mal begegnete.

3

In Philadelphia gilt die Temple University als fortschritt-
lich. Ich stellte mir vor, ich würde mit schwarzen Studenten und Professoren ins Gespräch kommen, kam aber zu
keinem. Die Universität liegt mitten im Stadtteil der

Schwarzen und ist unbeliebt, weil sie sich ständig vergrößert und die Schwarzen verdrängt. Doch auch sonst
ziehen sich die Schwarzen immer mehr von den Weißen
zurück. Statt sich anzunähern, polarisieren sich die beiden Rassen, was Sache der Weißen ist, ist Sache der
Weißen, und was Sache der Schwarzen ist, ist Sache der
Schwarzen. Meine Anwesenheit in der Temple University war eine Angelegenheit für die Weißen und wurde von
den Schwarzen nicht zur Kenntnis genommen.

4
Ein Professor für Buddhismus der Theologischen Fakul-
tät berichtete, der Indianer hätte sich in den Vereinigten
Staaten vollständig abgesondert und schicke auf die Universitäten nur Leute, um sie als Rechtsanwälte ausbil-
den zu lassen, die dann freilich so tüchtig wären, daß
die Indianer jeden Prozeß mit den Vereinigten Staaten
gewännen. Wir gehören demnach einer Rasse an, mit
welcher der Indianer bloß noch mit Rechtsanwälten
verkehrt.

5
Die Theatertruppe der Temple University führte meinen
Meteor auf. In der Theatertruppe spielen außer zwei
Berufsschauspielern nur Studenten. Ich stellte mir etwas
Dilettantisches vor und ging nicht ohne Bedenken hin.
Ich täuschte mich. Seit Zürich und Warschau war es die
dritte Aufführung, mit der ich zufrieden war. Dem Re-
gisseur, was heute selten ist, fiel nichts Überflüssiges ein.

6
Viele erzählten uns, sie hätten aufgehört, die New Yor-

ker Theater zu besuchen, nicht der hohen Eintrittspreise und Unkosten, sondern der Unmöglichkeit wegen, in New York Taxis aufzutreiben. Die Stadt werde vom Verkehr erstickt, die öffentlichen Verkehrsmittel seien ungenügend und die Nacht der Kriminalität wegen gefürchtet. Der Theaterbesuch werde zu mühsam.

7

Nicht eigentlich die Frage, wie und ob, sondern die Frage, *wo* Theater noch möglich sei, wird entscheidend; eine nicht minder schwierige Frage, denn heute ist das Theater oft gerade nur dort noch möglich, wo es als Ausrede dient, und dort unmöglich, wo es sich neue Impulse erhofft: die Idee des Straßentheaters ist etwas Schönes, doch welcher Straßenverkehr läßt es noch zu?

8

Universitätstheater: ein Symptom dafür, daß sich das Theater in die Laboratorien zurückzieht, um Wissenschaft zu werden. Aus diesem Schlupfwinkel heraus gäbe es allerdings keinen Ausweg mehr, sondern nur noch einen Schritt tiefer: philologisches Theater, Theater als Doktordissertation: auch dieser Schritt ist schon vorweggenommen worden.

9

Wir reisten nach Fort Lauderdale in Florida, und während wir dort in einem Hausboot wohnten, betraten zwei Amerikaner zum zweiten Male den Mond. Das Ereignis erregte kein großes Aufsehen, die Sensation des Jahrhunderts war schon eine Routinearbeit geworden. In der Television waren hin und wieder zwischen Reklamen für

Seifen, Bonbons, Pneus, Käse, Spielzeuge, Kreditban-
ken, Zigaretten und zwischen alten Filmen einige un-
deutliche Bilder zu sehen; dann kam die Landung auf der
Erde. Der Empfang war merklich kühler als das erste
Mal, kein singender Präsident, überhaupt kein Präsident;
alles bloßes Zeremoniell. Der Unterschied zu früheren
Entdeckungsfahrten der Menschen wurde deutlich. Zwar
standen die zwei Mondexpeditionen der Amerikaner unter dem gleichen Zwang wie jede Expedition vorher:
einmal für möglich erklärt, mußte sie stattfinden. Nur
war früher das Mögliche etwas Vages und wiederum
Unmögliches. Während heute der Grad der Möglichkeit
vorauszubestimmen ist und das Mögliche nur unternommen wird, wenn es höchstwahrscheinlich möglich ist: ein
Abenteuer ist heute zu möglich, um noch ein Abenteuer
zu sein. Gerade deshalb ist die Mondfahrt kein Abenteuer, weder die erste, noch die zweite, noch eine Fahrt zum
Mars.

10

Was in Philadelphia festzustellen war, traf auch für Florida zu. Der subtropische Bundesstaat verführt immer
mehr wohlhabende oder pensionierte Weiße, dort zu
wohnen, auch beginnen die Kubaner die Neger zu ver-
drängen. Die Schwarzen ziehen nach Norden, wo sie,
schneller anwachsend als die Weißen, die großen Städte
bevölkern. Schon geht die Meinung um, der Süden werde
das Rassenproblem eher bewältigen als der Norden. Es
ist schwer zu sagen, wer bei einem Rassenkrieg eigentlich
in der Falle säße, zwar könnten sich die Schwarzen im
Norden der Städte bemächtigen, doch beherrschen die
Weißen die Vorstädte.

11

Der Irrtum der Schwarzen Panther scheint mir darin zu
bestehen, die Taktik des Klassenkampfes auf den Rassen-
kampf anzuwenden. Ein Volk kann durch ständigen
Terror bereit werden, den Kommunismus anzunehmen,
doch ein Weißer kann auch durch ständigen Terror kein
Schwarzer werden: die Radikalität der Schwarzen Panther radikalisiert die Weißen. Das Gefühl, eine Lösung
sei unmöglich, verbreitet sich bei beiden, und beide sind
bewaffnet.

12

Am letzten Donnerstag des November wurde der
›Thanksgiving Day‹ gefeiert. Über dessen Entstehung
gibt es, wie über alles Historische, verschiedene Nachrichten. Im Brockhaus steht, es sei ein allgemeines Frie-
dens- und Erntedankfest und bereits 1621 nach der ersten
Ernte der Pilgerväter eingeführt worden. Uns dagegen
wurde erzählt, die Feier sei eine Erinnerung daran, daß
die Pilgerväter vor dem Verhungern gerettet worden
seien, weil ihnen die Indianer Truthähne geschenkt hätten. Während jetzt die Amerikaner jährlich Millionen
von Truthähnen schlachten, um diese Rettung nachträglich zu preisen, sind die Indianer, derer man doch eigentlich als Retter gedenken sollte, längst geschlachtet worden, ja es gab eine Zeit, da für jeden Indianerskalp, den
ein Weißer vorzeigen konnte, ein hochanständiger Preis
bezahlt wurde. Hundert Dollar für den Skalp eines Krie-
gers und zehn Dollar für den Skalp eines Kindes unter
zehn Jahren.

13

Weil der Amerikaner alles für lernbar hält, gibt es in den USA für alles Schulen. Auch Rednerschulen. Ich besuchte in Fort Lauderdale eine solche. Vor der Sitzung wurde gebetet. Überhaupt wurde in den Vereinigten Staaten immer gebetet. Dann wurde die amerikanische Flagge gegrüßt. Überhaupt wurde in den Vereinigten Staaten immer die amerikanische Flagge gegrüßt. Das Ideal eines amerikanischen Redners besteht darin, möglichst sicher aufzutreten, möglichst ohne zu stocken, möglichst fehlerfrei, möglichst viele so positive Gedanken zu äußern, daß sie niemand zu verwirklichen braucht. Ein Meisterredner wird Toastmaster genannt. Der größte Toastmaster, den ich sah, war Billy Graham. Er ist der Toastmaster Gottes. An drei Abenden wurde seine ›Crusade‹ nach Südkalifornien aus dem Fußballstadion von Anaheim bei Los Angeles in Farbe übertragen. Es war die einzige Fernsehsendung, die von keiner Reklame unterbrochen wurde. Die Sendung kostet denn auch den Toastmaster Gottes eine Million Dollar. Zuerst sang in Weiß der Crusade-Chor, dann sang in Baß ein bekehrter Opernsänger, dann predigte Billy Graham. Jedesmal sportlich, jedesmal in einem andern Anzug, dezent rot kariert, dezent grün kariert, dezent blau kariert, jedesmal mit einer anderen Krawatte, ein Top Manager, der seine Ware an den Mann brachte. Es fanden denn auch jedesmal Massenbekehrungen statt. Blitzbekehrungen. Gottes Hand schien durch Billy Graham persönlich einzugreifen. Amerika wurde auf dem Bildschirm christlich. Alles war ergriffen. Dann erst kam die Reklame für Seife, Desodorants, Waschmittel und Autos wieder. Später sahen wir Bob Hope. Auch in Farbe. Er sprach nicht zu

Tausenden von Christen, sondern zu Tausenden von Soldaten in Vietnam. Alles junge, sympathische Gesichter. Einige der GIs wirkten betrunken, viele ausgelassen, wenige nachdenklich. Nach jedem Witz Gepfeife, Gelächter, Gejohle. Bob Hope, nicht so dezent gekleidet wie Billy Graham, trat bei jeder Show in der Uniform der Waffengattung auf, zu deren Soldaten er sprach, in der Hand einen Golfschläger. Statt des Crusade-Chors erschien Miß World 1969, ein schwarzes Girl tanzte, Bob Hope erzählte mit steinernem Pokergesicht alte Witze, ein weißes Girl sang ›Stille Nacht, heilige Nacht‹, die Soldaten sangen mit, einige weinten, rundherum Tanks, Helikopter, kahle Hügel. Wieder war alles ergriffen. Dann kam ein japanischer Gruselfilm, wo sich Menschen in Pilze verwandelten.

14
In einer falsch strukturierten Gesellschaft bleibt Frömmigkeit wirkungslos.

15
Unterlassungssünde: Arthur Miller schickte mir ein Telegramm, ich solle gegen die Behandlung Solschenizyns durch den Russischen Schriftstellerverein protestieren. Ich protestierte. In Rußland wird das Volk durch die Partei verdummt, in den Vereinigten Staaten durch die Television. Dagegen protestierten weder Arthur Miller noch ich.

16
Da die Hirnformen der Delphine, nach Professor G. Pilleri, einen Grad der Zentralisation erreichen sollen, der

weit über den des Menschen hinausgehe, darf ich die Delphine, die ich in Miami sah, als die unbeschwertesten Amerikaner bezeichnen; sie führten die unglaublichsten Kunststücke vor, und nie entstand der Eindruck, sie seien dressiert. Alles schien reine Spielfreude zu sein. Besonders beeindruckte mich ein Delphin, der, als man seinen Namen rief, einem Mann einen kleinen Fisch aus der hoch erhobenen Hand schnappte. Der Mann stand auf einer Treppenleiter, die auf einem zwei Meter hohen Sprungbrett stand, so daß der Delphin mindestens vier Meter hoch springen mußte, um den Fisch zu schnappen. Das Eindrückliche daran war, daß sich die übrigen Delphine in der Mitte des Bassins zusammendrängten, um dem aufgerufenen Delphin zu ermöglichen, immer schneller das Bassin zu umkreisen. So erreichte der Delphin die Geschwindigkeit, die er für seinen Riesensprung benötigte.

17

Das zweite Werk eines Auslandschweizers, das wir sahen, war bedeutend negativer: die Ruinen der Maya-Städte Uxmal, Kabah und Chichen-Itza auf Yukatan. Die mit etwa fünfzig Städten bevölkerte Halbinsel ließ der Habsburger Karl V. erobern, zerstören und bekehren.

18

Mayas gibt es noch immer; sie sind stille, freundliche, überaus kleine Menschen. Zweijährige Kinder wirken wie achtmonatige, außergewöhnlich schöne Babies, die herumtollen. Die Bettler verstehen ihren Körper derart zusammenzuklappen, daß auf einem winzigen Haufen Leib ein großer Kopf steckt, unter dem eine hohle Hand herausragt. Sieht man näher hin, bemerkt man, daß sie beim Betteln schlafen. Die Frauen tragen blendend weiße Röcke mit aufgenähten farbigen Spitzen. Die Männer scheinen ständig leicht betäubt zu sein. Die Kenntnis von Pflanzengiften ist allgemein. Die Mayas weisen stark entwickelte Backenknochen auf und stellten den Regengott als stilisierten Elefanten dar, was auf eine asiatische Herkunft schließen läßt. Sie waren große Astronomen und Mathematiker; ihr Kalender war genauer als der gregorianische. Sie reden eine Sprache, deren Schrift, die ihre alten Paläste und Tempel bedeckt, niemand mehr zu lesen versteht. Wie damals, als sie für ihre Götter, Könige und Priester mächtige Gebäude, Sportplätze und Observatorien bauten, wohnen sie noch immer in runden Lehmhütten mit Dächern aus Schilfstroh. Ich glaube nicht, daß sie unter den Spaniern schlechter lebten als unter ihren eigenen Regenten, soweit sie nicht niedergemetzelt wurden oder an den europäischen Krankheiten zugrunde gingen, vielleicht sogar etwas besser, doch unter der sinnlosen Bekehrerei der Eroberer verloren ihre Armut und ihre Leiden wie ihre Tempel den Sinn. Sie scheinen in sich gekehrt, geduldig und auf einen neuen Sinn zu warten.

19

In der Archäologie zeigt sich das Absurde der Geschichte. Die Archäologie stellt das durch die Geschichte Zerstörte wieder her. Während auf Yukatan die Kathedralen der spanischen Kolonialzeit wie vermoderte, gespenstische Ruinen herumstehen, graben Wissenschaftler aus Dschungeln, in denen noch der Jaguar und der Schwarze Panther gejagt werden, die alten Maya-Städte wieder aus;

eine unermeßliche Aufgabe. Doch ist das Unermeßliche einmal getan, sind die Städte einmal ausgegraben, werden sich die Archäologen daran machen, die spanischen Kathedralen zu rekonstruieren.

20

Der Sinnlosigkeit der Geschichte steht die Hoffnung gegenüber, daß die Geschichte einen Sinn habe: Damit komme ich zum dritten Schweizer, dessen Werk mich während der ganzen Reise beschäftigte: zu Konrad Farner und zu seinem neuen Buche *Theologie des Kommunismus?*, das im evangelischen Stimme-Verlag erschienen ist. Konrad Farner ist ein Nicht-Christ und ein Marxist, der mit ganzer Liebe den liebt, der er nicht sein kann, weil er in ihm seinen Bruder sieht, den echten Christen. Farner erklärt, daß es mehr echte Kommunisten gäbe, wenn mehr echte Christen vorhanden wären; er sieht im Kommunismus die letzte Chance für die Christen und in der christlichen Liebe die letzte Chance für den Kommunisten, die Welt doch noch zu verändern, und klammert sich unerschütterlich an die große Hoffnung, der Mensch werde einmal aus Einsicht zu dem, was er sein sollte, wogegen mein unverbesserlicher Pessimismus befürchtet, der Mensch, wolle er nicht untergehen, werde nur aus Not zu dem, was er sein sollte.

21

Im Hotel wohnten zwei alte Amerikaner. Am Nachmittag saßen sie am Swimming-pool und lasen Zeitung, am Abend saßen sie in der Halle und schwiegen einander freundlich an. Manchmal kam man mit ihnen ins Gespräch. Der eine erzählte, in diesem Hotel hätten oft

Hemingway, O'Neill und Traven gewohnt. Der letztere immer unter einem anderen Pseudonym. Der zweite Amerikaner war ein über achtzigjähriger Jude, der seit Jahren im Dezember das Hotel aufsuchte, um dort den Winter zu verbringen. Er stammte aus Riga, der alten lettländischen Hauptstadt. Sein Leben war abenteuerlich gewesen. Er hatte sich über Berlin nach den Vereinigten Staaten durchgeschlagen und war reich geworden. Er sprach mit uns Englisch, fiel jedoch immer mehr ins Jiddische zurück, in die Sprache seiner Jugend. Er erklärte mir, wenn ich nur eine Woche mit ihm ausschließlich Englisch spräche, würde ich besser als ein Amerikaner Englisch sprechen, denn er spräche noch richtiges Englisch. Ich versuchte es. Ich sprach mit ihm ausschließlich Englisch, doch er antwortete mir ausschließlich Jiddisch. Auf diesen Umstand aufmerksam gemacht, war er erstaunt. Er hatte unbewußt Jiddisch gesprochen. Er war um uns besorgt wie ein Vater. Als wir an einem Sonntag um sieben Uhr morgens das Hotel in Merida verließen, um von Yukatan nach Jamaika zu fliegen, stand der alte Mann in der Hotelhalle und warnte uns, auf unserer Reise Puerto Rico zu besuchen.

22

Auf Jamaika fuhren wir von der Hauptstadt Kingston aus drei Stunden mit dem Taxi nach einem Hotel, das uns in Fort Lauderdale eine Amerikanerin empfohlen hatte. Das Hotel lag mitten im Dschungel, und an der offenen Veranda vor dem offenen Speisesaal hingen in mächtigen Bündeln Bananen. Leider war das ganze Hotel offen. Auch dem Salon fehlten einige Außenwände, und es stürmte und regnete. Drei Tage lang. Dazu rauschten die

Palmen. Palmen rauschen unangenehm. Von der offenen
Bar aus blickte man auf das Karibische Meer, das heim-
tückischerweise immer in der Sonne lag. Der Hotelier
sagte, es sei das erste Mal, daß es im Dezember regne.
Die Regenzeit sei von August bis Mitte November. Es
war Mitte Dezember. Die Frau des Hoteliers prophezei-
te, das schöne Wetter breche im Januar aus. Ein Gast
rühmte den März, und der schwarze Gärtner, den wir
durchnäßt befragten, erklärte mit Grabesstimme, hier
regne es immer, wir befänden uns in einem Regenwald,
da der Berg, an dessen Flanke das Hotel liege, die Wol-
ken aufhalte. Irgend etwas Wahres mußte daran sein,
denn jeden Morgen hörten wir von unserem Zimmer aus
Gäste im Regen ankommen, die das Hotel »beautiful«,
»marvellous« und »lovely« nannten, doch gleich wieder
wegfuhren, einen immer deprimierteren Hotelier zurücklassend, der nur noch »Oh, my God« zu seufzen
wußte.

23
Auf Jamaika wird gebetet: »Unsere täglichen Bananen
gib uns heute.«

24
Auf Jamaika kam ich an der Bar am verregneten Swimming-pool mit einem Neger ins Gespräch. Er erzählte
mir in seinem Englisch, daß er seine alte Großmutter
besucht habe. Da mein Englisch noch weit mangelhafter
war als das seine, verwechselte ich ›meet‹ mit ›eat‹ und
glaubte, er wolle mir mitteilen, er habe seine alte Großmutter gefressen, worauf ich überglücklich war, dem
ersten Kannibalen begegnet zu sein. Als sich der Irrtum

aufklärte, war mir der Neger zwar nicht unsympathisch geworden, aber doch etwas in meiner Hochachtung gesunken: Ich fühlte mich ihm ebenbürtig.

25

Regen überhaupt, und besonders der tropische Regen, läßt die Menschen in den Hotels zusammenrücken, weil sie dort im Trockenen sitzen. Ich redete öfters mit einem alten Manne, der wie Sokrates aussah, ein Maler oder ein Schriftsteller war und offenbar fernöstlich beeinflußt war, weil er manchmal im Regen vor dem Swimmingpool für sich allein unter den Palmen tanzte. Er sprach ein überaus schnelles Englisch und redete über Kunst. Ich redete auch über Kunst. Er verstand mich nicht und ich ihn nicht. Tiefere Gespräche über Kunst sind wohl selten gehalten worden.

26

Da es am vierten Tage immer noch regnete, verabschiedeten wir uns unter dem Vorwand, im Januar zurückzukehren. Der Hotelier schaute uns milde an, glaubte uns sichtlich nicht, murmelte »Oh, my God« und führte uns für dreißig Dollar nach Kingston zurück, wo prächtiges Wetter herrschte.

27

In Kingston zogen wir, auf den Rat eines Schweizers hin, der dort ein Uhrengeschäft betreibt, in ein großes Hotel. Es bestand aus zweistöckigen, unter sich verbundenen Gebäuden, die ein gewaltiges Rechteck bildeten, in welchem sich ein großer Swimming-pool befand. Leider vergrößerte sich auch dieses große Hotel, wie jedes große

Hotel auf den Karibischen Inseln: da große Hotels weniger rentieren als kleine, vergrößern sie sich ständig, um noch weniger zu rentieren. So wurde denn schon alles durch ein riesenhaftes, halb vollendetes Hochhaus überragt, auf dessen Gerüsten Schwarze mit farbigen Helmen wie phantastische Vögel herumturnten und auf die badenden, sich sonnenden und faulenzenden Weißen hinunterblickten, so daß ich mich ständig beobachtet fühlte.

28

Tagsüber badete meine Frau, und ich saß unter einer Kokospalme und schrieb, nachdem ich mich vergewissert hatte, daß die Kokosnüsse schon abgeschnitten waren. Kokosnüsse können fünf Kilo schwer sein, und die Palme war gut fünf Meter hoch. Nach dem Abendessen hielten wir uns in der Bar auf. Angeblich Einheimische spielten angeblich einheimische Musik. An die halbrunde Bartheke lehnten sich nachlässig gut gebaute Neger mit goldenen Armbanduhren, stundenlang, unbeweglich, mit Lammsgeduld, vor sich ein Glas Coca-Cola mit Whisky, das sie nie berührten, und warteten, bis sie an ältere Amerikanerinnen verkuppelt wurden. Die Amerikanerinnen standen meistens unter Drogen. Der organisierende Strizzi war ein überaus würdiger, hochgewachsener, schlanker, weißhaariger Herr mit einem durchgeistigten Gesicht, der, sah man ihn tagsüber in der Badehose, einen Bauch wie eine schwangere Frau vor sich her trug. Da unsere kriminalistische Neugierde unglücklicherweise erwacht war, ließen wir uns vom Hotel in Kingston das Hotel Sheraton in San Juan auf Puerto Rico empfehlen und flogen so dennoch nach der Insel, vor der uns der alte Jude in Merida gewarnt hatte.

29

Da der Beruf des Schriftstellers im Erfinden von Geschichten besteht, werden die fünf Schwierigkeiten, die
Wahrheit zu schreiben, die Brecht aufzählt, durch die
Schwierigkeit zunichte gemacht, Glauben zu finden.
Auch wenn der Schriftsteller die Wahrheit schreibt, wird
sie für erfunden gehalten, ein Umstand, der auch viele
meiner Erlebnisse in Amerika unglaubhaft macht.

30

In San Juan angekommen, schrieb ich am nächsten Tage
(ebenfalls unter einer Kokospalme) im Garten des Hotels
Sheraton an einem neuen Roman, *Der Pensionierte*. Der
Roman handelt davon, wie nach den ersten Tagen nach
seiner Pensionierung ein bernischer Polizeikommissär alle
seine Verbrecher aufsucht, die er im Verlauf seiner langen
Tätigkeit aus Humanität und Wissen um das Ungenügen
menschlicher Gerechtigkeit hatte entkommen lassen. Als
ich eben in meinem Manuskript den Kommissär einem
Gelegenheitsdieb gegenüber erklären ließ, ein wirklicher
Profi unterscheide sich von einem Amateur durch die
Einfachheit und Schnelligkeit seines Handelns und durch
seine wohlgeplante Zusammenarbeit mit Eingeweihten,
wurde mir aus der Strandtasche meiner Frau die Armband-
uhr, das Geld und ein Safeschlüssel des Sheraton-Hotels
gestohlen. Ich bemerkte zwar als alter Kriminalschriftstel-
ler den Diebstahl innerhalb zwanzig Minuten, ließ sofort
den verschlossenen Safe öffnen, doch war das dort depo-
nierte Geld schon verschwunden. Wir standen mittellos da.
Der deutschsprechende Executive Assistant-Manager des
Sheraton, an den wir uns endlich wenden konnten, löste
den Fall souverän: Er erklärte ihn für unmöglich.

31
Als ich dem Assistant-Manager sagte, er hielte uns offensichtlich für Betrüger, und beifügte, wir hielten ihn dafür für einen Gangster, lachte er. Die Polizei, die endlich erschien, lachte auch.

32
Noch einfacher machte es sich ein anderer Bursche. Er zog sich einen weißen Kittel an, stellte sich vor das Restaurant Suisse Chalet, wo wir eben den Silvesterabend verbrachten, nahm von einem vorfahrenden Amerikaner, der ihn für einen Angestellten des Suisse Chalet hielt, den Autoschlüssel und ein Trinkgeld entgegen, mit dem Auftrag, zu parkieren, dankte, wünschte dem Amerikaner, der mit seiner Familie im Suisse Chalet verschwand, ein gutes neues Jahr, bestieg den Wagen und fuhr mit dem Cadillac auf Nimmerwiedersehen davon.

33
Der schweizerische Honorarkonsul in Puerto Rico nahm sich unser mit großem Einsatz an. Er brachte uns in einem anderen Hotel San Juans unter. Ich begann, am Roman weiterzuschreiben, obgleich darin noch ein Mord und ein Selbstmord vorkommen sollten. Als sich jedoch einige Tage später der Besitzer des Sheratons das Leben nahm und sich herausstellte, daß das immer mehr Lohn fordernde und den Betrieb mehr und mehr sabotierende Personal des Hotels, wo wir nun wohnten, von der Gewerkschaft des berüchtigten Hoffa organisiert war, gegen welche die Hotelleitung einen Kampf auf Leben und Tod führt, stellte ich die Arbeit ein: Nicht so sehr aus Furcht, sondern aus dem dumpfen Gefühl heraus, es sei eigentlich schwierig, *nicht* die Wahrheit zu schreiben.

34

Weil mit der Summe, die uns gestohlen, auch der Betrag
verschwunden war, den uns die Temple University für
die Hin- und Rückreise nach Philadelphia überreicht
hatte, kann ich mit gutem Gewissen behaupten, meinen
Ehrendoktortitel nicht nur verdient, sondern auch bezahlt zu haben.

35

Der schweizerische Honorarkonsul führte uns auf langen
Fahrten mit seinem Wagen kreuz und quer durch Puerto
Rico. Die Insel ist hügelig. Da der Honorarkonsul und
ich Emmentaler sind, kam uns die Landschaft wie ein
etwas tropisch verfremdetes Emmental vor. Wir waren
beide stolz. Nicht auf Puerto Rico, sondern auf das
Emmental.

36

Wir besuchten mit dem schweizerischen Generalkonsul
das größte Hotel Puerto Ricos, El Conquistador. Es liegt
auf einem Felsen am Meer. Es besteht aus vielen weißen,
miteinander verbundenen, imposanten Bauten, und den
ungeheuren Ballsaal krönt eine gewaltige, flache Kuppel,
was dem Ganzen etwas Vatikanartiges gibt. Der riesige
Swimming-pool liegt über hundert Meter tiefer, doch
immer noch über dem Strand. Zu ihm führen Schwebe-
bahnen hinunter, die eine Schweizer Firma baute, eine
war noch im Bau. Durch die endlosen Korridore des Hotels
wälzte sich ein neugieriger Besucherstrom, Gäste waren
nur wenige zu sehen. Gegen die Landseite liegt der Lande-
platz für Helikopter, die mit den Gästen von San Juan
angeflogen kommen, und ein immenser Golfplatz, wo ver-

loren einige Golfspieler in Golfwagen herumfuhren, anhielten, ausstiegen, den Golfball schlugen und wieder weiterfuhren. Daß das Riesenhotel, an welchem ständig weitergebaut wird, nicht rentiert, weil es zu viele Angestellte braucht, um diese noch kontrollieren zu können, was den ganzen Betrieb mehr oder weniger lahmlegt, weiß jedermann; dunkel ist nur, woher die Millionen kommen, die die ganze Sinnlosigkeit aufrechterhalten. Das Unternehmen wird denn auch allgemein das Maffia-Hotel genannt.

37
Der Unterschied zwischen Rußland und den Vereinigten Staaten besteht heute im wesentlichen darin, daß in Rußland jeder einen jeden für einen Spitzel und in den Vereinigten Staaten jeder einen jeden für einen Gangster hält.

38
Das besondere Pech der Vereinigten Staaten liegt darin, daß die Kapitalisten den Kapitalismus und die Gewerkschaften den Sozialismus ins Absurde geführt haben.

39
Als ich kurz vor meiner Abreise mit dem Assistant-Manager des Sheraton noch einmal telephonierte, in der vagen Hoffnung, doch noch zu meinem Gelde zu kommen, tönte die Stimme des Assistant-Managers niedergeschlagen. Bei ihm war eingebrochen worden.

40
Vor dem Hotel befand sich aufgeschüttete, mit einer runden Mauer eingefaßte Erde, in die eine Palme ge-

pflanzt war. Stets saßen Hippies unter der Palme und auf der Mauer, immer neue. Als wir eines Nachts gegen vier ins Hotel zurückkehrten, saßen und lagen die Hippies in den weichen Sesseln und Sofas der Hotelhalle.

41

Auf Puerto Rico sah ich im Fernsehen eine neue Sportart von unbeschreiblicher Roheit. Auf einer ovalen Bahn versuchten zwei Mannschaften auf Rollschuhen einander am Durchbrechen und damit am Überrunden zu hindern. Die Mannschaften waren gemischt. Sie bestanden aus Männern und Frauen, und jedes Mittel war erlaubt. Besonders eine dicke, blonde Texanerin fiel durch ihre Brutalität auf. In den Pausen gab es Interviews mit den Spielern, in welchen sich diese gegenseitig niederschrien und zusammenschlugen. Doch war dies schon Schausport, ein Phänomen, das wir in Europa auch kennen. Dagegen machen die Amerikaner aus anderen Sportarten einen Kult, was bei den Übertragungen der großen Golfturniere am deutlichsten zum Ausdruck kommt: die Golfspieler wirken wie bei uns die großen Geiger oder Pianisten. Von einer andächtigen Jüngerschar begleitet, führen sie ihre Schläge wie heilige Handlungen durch.

42

Den Ruf, die beste Tabakinsel zu sein, wird Kuba bald verlieren: die Zigarren, welche die Exilkubaner auf Puerto Rico mit dem dort angepflanzten Tabak drehen, erreichen die Qualität jener, die Fidel Castro raucht.

43

Auch in den Vereinigten Staaten gibt es Potemkinsche

Dörfer. Die Straße vom Flugplatz nach San Juan führt an
einem Slum vorbei. Bevor Kennedy Puerto Rico besuchte, ließ man die Häuserfronten nach der Straßenseite hin
neu anstreichen, um den Präsidenten nicht zu schok-
kieren.

44
Von Puerto Rico flogen wir nach der Insel Santa Cruz.
Die Insel liegt südöstlich von Puerto Rico und war früher
dänisch, weshalb die zwei Städtchen, die sich auf ihr
befinden, Christiansted und Frederichsted heißen. Aus
der dänischen Zeit stammen auch die vielen Windmüh-
len, die als bewunderte Ruinen auf der Insel herumstehen. Die Insel gehört zu den Virgin Islands und heißt
jetzt St. Croix.

45
Wird auf Puerto Rico im Innern noch Zuckerrohr ange-
baut, dessen Ähren aus der Ferne den Anschein erwek-
ken, als läge zwischen tropischen Hügeln Frost, sind die
Zuckerrohrfelder auf St. Croix verwüstet. Führten die
Vereinigten Staaten früher Zucker aus Kuba ein, erzeu-
gen sie nun selber zu viel Zucker. Die einstige
Zuckerrohrinsel Santa Cruz dient nur noch dem Frem-
denverkehr. Die Fremden sind weiß, und jene, welche
die Weißen bedienen und die Hotels bauen, sind
schwarz.

46
Das Hotel, das wir auf St. Croix bezogen, bestand aus
Bungalows, was ihm den Charakter eines Dorfes gab.
Jeden Morgen wurden wir um halb zehn von einem

Schwarzen aus Martinique geweckt. Er sprach Französisch und brachte uns das Frühstück, das wir auf der Terrasse unseres Bungalows einnahmen, mitten im Baulärm freilich, da neben uns ein Gebäudetrakt für vierundachtzig Doppelzimmer entstand. Wir waren von Baumaschinen umgeben, von Lastwagen, Kränen, von Negern, die mit langen Rollern riesige Mauerwände weiß anstrichen. Einmal kam ein großer Buick, hielt an, ein alter Amerikaner stieg aus und betrachtete den Bau. Dann kam er zu uns. Er erklärte, in unserem Bungalow sieben Jahre seine Ferien verbracht zu haben. Es sei sein Bungalow. Von ihm aus hätte er das Meer gesehen und nun – »horrible« rief er aus und wies mit einer abschätzigen Geste auf den Neubau. Als er hörte, daß wir Schweizer seien, schüttelte er den Kopf: »Schweizer? Ihr seid Schweizer und auch Kapitalisten wie wir? Ich habe zwei Söhne in Vietnam. Crazy.«

47
Der Personalchef des Hotels, ein junger Schweizer, erzählte uns, ein Neger, der einen großen Geschirrstapel hätte fallen lassen, hätte bloß gelacht und erklärt, es brauche sich niemand aufzuregen, das Geschirr gehöre nur dem Hotelbesitzer, und hätte darauf einen zweiten Geschirrstapel fallen lassen. Die Logik der Besitzlosen steht der Logik der Besitzenden gegenüber.

48
In den Vereinigten Staaten reden die Weißen gut von den Schwarzen, aber denken schlecht von ihnen, während die Schwarzen von den Weißen sowohl schlecht reden als auch schlecht denken! Die Weißen fürchten die Neger,

weil sie ein schlechtes Gewissen haben, und die Neger hassen die Weißen, weil sie kein schlechtes Gewissen zu haben brauchen.

49
Das Südliche Kreuz, das vor Jahrtausenden auch bei uns sichtbar gewesen sein muß, und das zu beobachten ich mich gefreut hatte, entdeckte ich nur einmal: um drei Uhr morgens, tief im Süden. Doch war es, da über dem Karibischen Meer Dunstwolken lagen, bei weitem nicht so imposant, wie ich erwartet hatte. Auch der Himmel enttäuscht bisweilen.

50
Von St. Croix flogen wir am 19. Januar über Miami nach New York zurück. Es war Abend, als wir in Kennedy landeten, und Nacht, als wir in die Stadt gelangten. Vom Hotel gingen wir zu Fuß zur Wohnung eines Freundes, der eine Party gab. Bittere Kälte. Die Straßen beinahe leer. Wir erlebten zum ersten Male in diesem Winter den Winter. Auf der Party klagte ein Mediziner aus Boston, er hätte eine Zucht von 1200 Hamstern besessen, jedes Tier sorgfältig markiert, die Familien nach Generationen aufgegliedert, die Zucht sei unschätzbar für die medizinische Forschung gewesen; Jugendliche hätten jedoch 600 der Hamster teils getötet, teils entkommen lassen, und die 600 restlichen Hamster hätte er darauf selber vernichten müssen, weil ihm der Staat, kaum war Nixon an der Macht, aus Sparsamkeitsgründen die Subvention verweigert hätte. Die Polizei verhaftete die Jugendlichen. Sie wurden bestraft, der Staat nicht.

51

Am nächsten Morgen sahen wir von unserem Hotelfenster aus auf den vereisten Central Park. Kahle Bäume. In der Ferne Schlittschuhläufer, dann die Front der Hochhäuser aus Beton und Glas. Als wir vor das Hotel traten, lagen die Straßen zwischen den Hochhäusern wie Schluchten vor uns. Die Menschen kamen in Pelzmänteln daher, die fast bis zum Boden reichten, und trugen Pelzmützen. Wir hatten keine Lust, noch einmal tief in New York einzudringen, und zogen uns wieder ins Hotel zurück. Es blieben uns nur noch wenige Stunden. New York sah wie Moskau aus.

52

Die Vereinigten Staaten sind ein Riese, den ich bloß oberflächlich kenne. Ich könnte ihn mit der Schweiz vergleichen, die ich besser kenne. Doch würde ein solcher Vergleich hinken. Weniger Bekanntes würde mit gut Bekanntem verglichen. Es ist deshalb besser, den Riesen USA mit dem Riesen Sowjetunion zu vergleichen, da ich beide nur besuchsweise kenne. Dieser Vergleich ergäbe ein zwar oberflächlicheres, aber gerade darum richtigeres Bild.

53

Die zwei Imperien besuchte ich auf verschiedene Weise. Im Imperium der roten Zaren durfte ich mich nur auf den Hauptverkehrsadern bewegen und die offiziellen Heiligtümer betrachten, die Ermitage in Leningrad, einige wenige renovierte Renommierkirchen, den toten Lenin und, aus zehn Meter Entfernung, das noch lebendige Politbüro. In den Vereinigten Staaten bewegte ich mich frei, doch in den Parkanlagen und Außenbezirken, unter besten Wetterbedingungen. In beiden Reichen lernte ich Spezialitäten kennen: in Rußland Armenien und in den Vereinigten Staaten Puerto Rico.

54
Die Hauptinformationsquellen bildeten in beiden Imperien weniger Beobachtungen als persönliche Gespräche. Jene, die ich in Rußland führte, kann ich aus Furcht nicht wiedergeben, den Gesprächspartnern Schwierigkeiten zu bereiten, ja ich muß befürchten, daß schon diese Andeutung ihnen Schwierigkeiten bereitet. In den USA sind die Gesprächspartner außer Gefahr. Auch wird man in Amerika durch das Fernsehen und durch die Zeitung weitaus besser über die Vorgänge orientiert.

55
Die Vereinigten Staaten stellen ein unvergleichlich komplizierteres Gebilde dar als die Sowjetunion, doch werden die beiden Imperien paradoxerweise dadurch vergleichbar. Der Unsicherheitsfaktor, der im Mangel an Informationen über ein relativ einfaches Gebilde liegt, wird durch den Unsicherheitsfaktor aufgehoben, den ein kompliziertes Gebilde durch seine größeren Möglichkeiten hervorruft.

56
Als ich mich auf St. Croix mit einem Bankier über die Struktur der großen Wirtschaftsimperien unterhielt, zu denen auch die Maffia zählt, fiel mir die Ähnlichkeit der Sowjetunion mit diesen Großfirmen auf. Alle sind Hierarchien und unterstehen deren Gesetzen.

57

Eine Hierarchie kann mit einer Pyramide verglichen werden. Je höher die Pyramide, desto größer ihre Basis. Die Spitze der Pyramide wird entweder von einem Einzelnen gebildet oder, handelt es sich um eine stumpfe Pyramide, von mehreren.

58

Die Gesetze der Hierarchie sind einfach. Die Oberen lassen die Unteren erst nach oben, wenn die Oberen selber höher gestiegen sind. Ein Bürolist wird erst Bürochef, wenn der Bürochef Sektionschef, wenn dieser Direktor geworden ist, usw. Doch findet der Kampf nicht nur in den vertikalen, sondern auch in den horizontalen Schichten der Pyramide statt. Ein Bürolist bekämpft den anderen, ein Bürochef bekämpft den anderen, ein Abteilungsleiter bekämpft den anderen. Ein jeder versucht, den anderen entweder an die Spitze oder an den Rand der Pyramide zu drängen. Wer an die Spitze einer vertikalen oder an den Rand einer horizontalen Schicht geschoben wird, gerät ins Freie. Seine Möglichkeiten sind erschöpft. Er wird entweder mit der Zeit kaltgestellt oder fällt die Pyramide herunter.

59

In einer Hierarchie herrscht ein Kampf von Gruppen gegen Gruppen. Die Einzelnen sehen sich nach Hilfe um. Auch fällt es jenen nahe der Pyramidenspitze leichter, hinaufzukommen, da wenige über ihnen liegen, während es jene nahe der Pyramidenbasis schwerer haben. Der größere Teil des Pyramidengewichts liegt auf ihnen. Veränderungen an der Basis sind deshalb nur schwer feststellbar; was auffällt, sind die Veränderungen an der Spitze.

60

Verglichen mit dem Grundmodell einer Hierarchie stellt die Sowjetunion nicht eine einheitliche Pyramide dar. Man könnte an die stumpfen Maya-Pyramiden denken, die ich sah. Um eine alte Pyramide wurde von den Mayas mit der Zeit eine neue gebaut und so fort bis zur äußersten Pyramide, welche die inneren wie ein Mantel umgibt. Die äußerste Pyramide in der Sowjetunion bildet die Partei, den Pyramidenstumpf das Politbüro, die inneren Pyramiden, von außen nach innen, die Bürokratie, die Armee, die Wissenschaftler, die Intellektuellen und endlich das Volk, wobei das Volk volumenmäßig den weitaus größten Teil der Pyramide ausmacht, doch hat es, von allen Mänteln umklammert, nichts zu sagen.

61

Die Kämpfe innerhalb der Pyramide sind zäh, die Veränderungen allmählich, so daß die Sowjetunion eine relativ stabile Hierarchie darstellt. Manchmal werden die Bosse gewechselt, manchmal sind aus dem Innern der Pyramide einige dumpfe Protestschläge zu hören, das ist alles.

62

In St. Croix war am Boden vor jedem Bungalow ein Scheinwerfer aufgestellt. Nachts saßen vor den Scheinwerfern große Kröten, oft ganze Familien, stur, unbeweglich, wie gebannt. Nicht aus kultischen Gründen, nicht, weil sie die Scheinwerfer anbeteten, sondern weil die Insekten vom Licht angezogen wurden. So konnten sich die Tiere ihre Nahrung schnappen, was so schnell geschah, daß die Bewegung kaum wahrzunehmen war.

63

Das Sowjetimperium ist mächtiger als seine Bürger. Es flößt diesen das Gefühl ein, vor etwas Unabänderlichem zu stehen, und ist für sie unbegreiflich geworden. Sie begnügen sich mit der Beute, die ihnen das System zuspielt. Meistens sind es bescheidene Happen, selten große. Sie nützen die Lage aus, die sich ihnen bietet, und halten es für sinnlos, am System zu rütteln. Sie haben kapituliert. Nicht alle, doch die meisten. Die wenigen jedoch, die nicht kapituliert haben, sind vielleicht nicht wenige.

64

Die Vereinigten Staaten sind ein instabiles Gebilde. Sie lassen sich nicht mit einer Pyramide vergleichen. Sie sind wie eine von Ausbrüchen und Lavaströmen erschütterte Landschaft. Neben dem Hauptkrater schießen Vulkankegel empor und öffnen sich Nebenkrater. Alles schiebt sich übereinander und versinkt ineinander.

65

Die Ähnlichkeit der Sowjetunion mit den Vereinigten Staaten scheint darin zu bestehen, daß sich beide Imperien als einen Bund verschiedener Staaten ausgeben. Die Sowjetunion stellt einen Bund verschiedener Völker und Rassen dar, die Bundesstaaten in Nordamerika unterscheiden sich in der Gesetzgebung usw. Doch zeigen sich schon hier Unterschiede. In der Sowjetunion besitzt, außer den Juden, die negiert werden, in der Regel ein jedes Volk einen eigenen Staat – was sich in der Rassenfrage vorteilhaft auswirkt. Außer ihrem penetranten Antisemitismus scheint es in der Sowjetunion keine Rassenprobleme zu geben. In den Vereinigten Staaten sind die Menschen verschiedener Rassen und Nationalitäten durcheinandergewürfelt. Das führt zu Spannungen. Auch erzwingt die Sowjetunion durch die kommunistische Partei eine Hierarchie, welche ihre verschiedenen Staaten mehr theoretisch als faktisch existieren läßt; sie existieren hauptsächlich folkloristisch. Die Vereinigten Staaten stellen dagegen ihre Einheit steuertechnisch her. Den gewaltigsten Teil an den Steuern bekommt der Gesamtstaat, einen kleinen die verschiedenen Staaten, einen äußerst geringen die Gemeinden. So sind die Gemeinden arm. Der Bürgermeister einer Stadt muß beim Gouverneur seines Bundesstaates um Geld nachfragen, der Gouverneur in Washington finanzielle Hilfe suchen.

66

Da die Vereinigten Staaten ein kommerzielles Imperium sind, stehen sie auf ihrem Gebiet anderen kommerziellen Imperien gegenüber: den Wirtschaftsimperien, den Finanzimperien, den Gewerkschaften, der Maffia. In der Sowjetunion ist die Gesellschaft für den Staat, in den Vereinigten Staaten der Staat für die Gesellschaft da. Doch, wenn ein Staat, für den eine Gesellschaft da ist, amoralisch ist, so ist der Staat, der für die Gesellschaft da ist, so moralisch wie seine Bürger: Die Vereinigten Staaten spiegeln daher den moralischen Zustand ihrer Bürger wider. Regiert in der Sowjetunion der Kopf den Leib, regiert in den Vereinigten Staaten der Leib den Kopf, der durch die oft einander entgegengesetzten Sonderinteressen der Privatwirtschaft verwirrt und gelähmt wird.

67

Der Bankier auf St. Croix, mit dem ich über diese Zustände sprach, erzählte mir, er habe ein so großes Einkommen, daß er schon jahrelang keine Steuern habe bezahlen müssen. Warum, verstand ich als finanzieller Laie nicht so recht, sogar er selbst fand es ungerecht.

68

Ihrer Struktur nach verwickeln sich die Vereinigten Staaten in Widersprüche. So geht etwa der Staat gegen das Rauschgift vor, dessen Verbreitung er wiederum ermöglicht, indem er sich gegen die Maffia machtlos stellt und, um diese gespielte Hilflosigkeit zu vertuschen, die Schweizer Banken anklagt (was nicht heißen will, die schweizerischen Banken seien Tugendengel). Wer sich freiwillig nach Vietnam meldet, braucht nur ein Jahr Militärdienst zu leisten; nach kurzem Training kommt er direkt in den Krieg, wer sich nicht freiwillig meldet, hat mehrere Jahre in der Armee zu dienen (je nach Waffengattung, und falls er nicht dennoch nach Vietnam geschickt wird). Die Wirkung: Die intelligenten Burschen, die für ihr Studium nicht Zeit verlieren wollen, werden verführt, nach Vietnam zu gehen, auch auf die Gefahr hin, dort zu fallen. Wer dagegen Rauschgift nimmt, wird in die Armee nicht aufgenommen, was wiederum die jungen Leute inspiriert, das Rauschgift zu nehmen, das ihnen die Maffia anbietet, gegen die sich der Staat machtlos stellen muß, weil er von ihr durchsetzt ist, usw. Wer jedoch nach Vietnam geht, also weder Drogen nimmt noch sich weigert, in den Krieg zu ziehen, erhält in Vietnam das Rauschgift müheloser als in den Vereinigten Staaten und verfällt ihm um so leichter, da er der Furcht vor dem Feinde ausgesetzt ist.

69

Auf dem sozialen Gebiet geht es oft grotesk zu: So bekommt eine Mutter, die den Namen des Vaters ihres Kindes nicht anzugeben weiß, monatlich fünfzig Dollar für das Kind, eine Summe, die steuerfrei ist, so daß sich oft Negerinnen zusammentun, um zu zweit eine gewaltige Kinderschar auf die Welt zu setzen, deren Väter sie angeblich nicht kennen. Mit den einkassierten Sozialgeldern leben sie oft besser als viele verheiratete Frauen, deren Männer steuern müssen. Dieses Gesetz soll abgeschafft werden. Nicht, weil man es als unsittlich empfände, was es ja auch nicht ist, sondern um die Zunahme der Schwarzen zu dämpfen.

70

Präsident Johnson versuchte gegen den Strom zu schwimmen und wurde vom Strom mitgerissen, Präsident Nixon schwimmt gleich mit dem Strom.

71

Die Vereinigten Staaten denken wirtschaftlich. Darum haben sie Mühe, machtpolitisch zu denken; die Sowjetunion denkt machtpolitisch. Darum denkt sie unwirtschaftlich.

72

Die politische Dramaturgie beider Imperien ist voneinander verschieden. In der Sowjetunion geschieht alles gegen eine unterdrückte, in den Vereinigten Staaten alles für eine chaotische Gesellschaft. Am Beispiel der Aufrüstung: Daß sie das russische Volk teuer zu stehen kommt, ist offensichtlich, sie macht ihm jeden Luxus

unerschwinglich und erzeugt einen Mangel an Konsumgütern, während die Aufrüstung in den Vereinigten Staaten ein Regulativ darstellt. Die Privatindustrie ist so
mächtig und erfüllt die Wünsche der Konsumenten so
restlos, ist jedoch derart an die Grenze ihrer Absatzmöglichkeiten gelangt, daß der Staat, um die Kapazität der
Privatindustrie besser auszunützen und keine Arbeitslosigkeit aufkommen zu lassen, ihr Aufträge geben muß,
solche Waren herzustellen, die den Konsum nicht konkurrenzieren: Waffen. Wer fährt schon privat in einem
Tank herum! So stellt die Aufrüstung in den Vereinigten
Staaten paradoxerweise eine Sozialleistung des Staates
dar. Sie schafft die Arbeitsplätze, welche die Privatindustrie ohne Staatsaufträge nicht mehr bereitzustellen
vermag.

73
Leider ist es für die Opfer ziemlich gleichgültig, ob sie
durch Waffen fallen, die aus Gründen der Privatindustrie, oder durch solche, die aus machtpolitischen Gründen hergestellt worden sind.

74
Was für die Aufrüstung gilt, gilt auch für die Mondfahrt.
Was zum Mond saust, ist ein Schrotthaufen, das Geld,
das die Rakete gekostet hat, bleibt auf der Erde zurück.
Wenn daher die Vereinigten Staaten ihre Raumfahrt einschränken, bedeutet das nicht unbedingt, daß der Staat
seine Sozialleistungen auf anderen Gebieten vernünftiger
gestalten oder gar erhöhen möchte, im Gegenteil. Er
beginnt auch im sozialen Sektor zu sparen, der in den
Vereinigten Staaten immer etwas im Rufe steht, nur für

die Faulenzer da zu sein. Das Geld, das an der Raumfahrt gespart wird, fällt der Aufrüstung zu: die NASA hat ihr Soll erfüllt; mehr, als Erste auf dem Mond zu sein, vermag sie nicht, und schon der Mars ist unattraktiver, so wie für Europa die Entdeckung des näher gelegenen Amerika wichtiger war als die des weiter entlegenen Australien. Die wahre Aufgabe der Raumfahrt, die sie mit der Aufrüstung teilte, nämlich Arbeit zu schaffen und durch ihr abenteuerliches Ziel den Menschen zu neuen Erfindungen anzuspornen, fällt wieder hauptsächlich der Aufrüstung zu.

75

Durch ihr gewaltiges Industriepotential, das wie nebenbei auch noch Rüstung, Vietnamkrieg und Mondfahrt bestreitet, sind die Vereinigten Staaten eine Weltmacht geworden und müssen Weltpolitik betreiben, Machtpolitik. Doch haftet auch ihrer Machtpolitik das kommerzielle Denken an; sie sind überzeugt, daß die Welt käuflich sei. Die Meinung ist weit verbreitet, daß Südvietnam nach dem Rückzug der Vereinigten Staaten nicht kommunistisch werde, weil es den Südvietnamesen ökonomisch besser gehen werde als den Nordvietnamesen, und die Frage stellt sich nie, welchen Südvietnamesen. Die Vereinigten Staaten denken politisch nie unterhalb der oberen Zehntausend. Darum die vielen Fehlrechnungen.

76

So kommerziell die Vereinigten Staaten auch denken, nirgends als in Rußland fand ich so viel Hurra-Patriotismus und ein solches Gefühl, vom Ausland undankbar und ungerecht behandelt zu sein. Die Vereinigten Staaten leisten sich einen Patriotismus und finden es komisch, wenn sich ihn andere Nationen auch erlauben. Das Recht auf Patriotismus gestehen die Vereinigten Staaten eigentlich nur den Russen zu.

77

Ich fürchte, auch die Russen billigen bloß den Vereinigten Staaten Patriotismus zu. Man findet selten Sowjetbürger, die an der russischen Außenpolitik etwas auszusetzen haben; gab es bei der Besetzung der Tschechoslowakei Anzeichen von Unzufriedenheit, so fehlen diese Peking gegenüber offenbar ganz. Über die Erfahrungen mit den Schwarzen in Afrika werden Schauermärchen erzählt. Auch berichtete mir jemand in Moskau, die Ägypter besäßen angeblich noch Sklaven, jeder Vorarbeiter zwei und jeder Arbeiter einen, außerdem sei es den russischen Ingenieuren verboten, in ihren Wagen diese Sklaven zur Arbeit zu führen, doch auf meine Frage, warum denn eigentlich die Sowjetunion Ägypten unterstütze, antwortete er, weil die Juden Faschisten seien.

78

In den Vereinigten Staaten listete der Staat die Gesellschaft in den Vietnamkrieg und die Gesellschaft den Staat ins Chaos.

79

Für die Sowjetunion ist die Diagnose leicht zu stellen: Arteriosklerose. Ein Arteriosklerotiker ist weder fähig, Neuerungen zu erkennen noch die Notwendigkeit, Neuerungen einzuführen. Er lebt in der Vergangenheit. So halten sich die Russen allein aus dem Grund für

revolutionär, weil sie einmal eine Revolution durchge-
führt haben, so wie sich viele Schweizer immer noch für
Helden halten, weil einige ihrer Vorfahren 1315 am
Morgarten siegten. Ein Arteriosklerotiker hält alle für
seine Feinde, die anders sind als er. Leider hält er sich für
gesund und für denkfähig. Er hat fixe Ideen und kann
gemeingefährlich werden.

80
Die Vereinigten Staaten sind schwieriger zu diagnostizie-
ren. Die Symptome widersprechen sich, und ihre Unzahl
verwirrt. Ein Organ bekämpft das andere, eine Zelle die
andere. Geschwüre zeigen sich.

81
Das mag auf Krebs hindeuten, doch aus Furcht vor dieser
Diagnose nehmen die Vereinigten Staaten jedes Symptom
für eine einzelne Krankheit und bekämpfen es unabhängig von den anderen Symptomen.

82
Eine Diagnose ist ein Schluß, den ich aus der Wirklichkeit ziehe. Es ist bei der Diagnose entscheidend, ob die
Wirklichkeit genau erfaßt wird oder nicht. Diese Frage
wage ich weder bei der Sowjetunion noch bei den Vereinigten Staaten zu bejahen. Allzu sehr war ich auf Zeug-
nisse angewiesen, die ich nur dem Gefühl nach einstufe
und die zu überprüfen mir die Zeit und die Mittel fehlten.
Meine Diagnosen sind daher Eindrücke. Das gilt noch
mehr von meinen Prognosen. Eine Prognose ist ein
Schluß aus einer Diagnose. Die Prognose tippt auf eine
mögliche Entwicklung der erfaßten Wirklichkeit. Je un-

bestimmter eine Wirklichkeit erfaßt wurde, desto will-
kürlicher muß die Prognose ausfallen. Die meisten Prognosen sind Schüsse, die wir in die Zukunft abgeben,
ohne Gewißheit, ob wir ins Schwarze treffen oder nicht,
weil wir die Zukunft erst sehen, wenn sie Gegenwart
geworden ist.

83
Aus Distanz gesehen, sind die Vereinigten Staaten vielleicht mit dem Rom vor der Kaiserzeit zu vergleichen, als
dieses zwar eine Weltmacht geworden war, doch in
immer größere innere Schwierigkeiten verwickelt wurde,
während die Sowjetunion mehr Ost-Rom gleicht, das ein
totaler Staat war und das Christentum als Ideologie ein-
setzte. Die Sowjetunion ist ein marxistisches Byzanz.

84
Die Vereinigten Staaten scheinen in ihrer Geschichte in
ein Stadium getreten zu sein, in welchem eine bald drei-
hundertjährige Evolution von einer Revolution abgelöst
werden kann. Die Gärung ist allgemein, die Unordnung
wächst. Ungewiß ist nur, wohin die Revolution zielen
würde, fände sie statt. Der Ruf nach einer starken Regierung wird unüberhörbar. Doch läuft das Land Gefahr,
gegen die Minderheiten vorzugehen, die es für die Ursa-
che seines Übels hält, etwa gegen die Hippies oder gegen
die Neger, usw. Auch wird der Nationalismus angeheizt,
da sich in Vietnam eine Niederlage anbahnt. Die Vereinigten Staaten werden daher in steigendem Maße für
jeden Faschismus anfällig.

85

Die Vereinigten Staaten stellen in der heutigen Welt einen der unberechenbarsten Faktoren dar. Wenn wir sie ein instabiles Gebilde nannten, so dachten wir dabei an jene instabilen Sterne, die wir von der Astronomie her kennen. Wir besitzen noch zu wenig Erfahrung und Wissen, genaue Voraussagen zu treffen. Eine Sonne kann anwachsen, kann sich zusammenziehen, aber sich auch mit unvorstellbarer Gewalt in eine Supernova verwandeln, indem sie ihre Materie in den Raum fegt und alles zerstört.

86

Das sind freilich düstere Prognosen. Doch gibt es in beiden Imperien Lichtblicke. In der Sowjetunion ist das Volk gebildet worden, und es mag sein, daß es einmal seine dogmatischen Fesseln sprengt. In den Vereinigten Staaten ist die Selbstkritik nicht zu übersehen. Die Intellektuellen sind alarmiert, die Jugend beginnt zu denken, die politischen Morde rütteln die Nation auf. Leider nur deren Oberfläche.

87

In beiden Imperien ist die Tradition wichtig. In Rußland war der Staat, in den Vereinigten Staaten die schrankenlose Freiheit heilig. Sie sind es immer noch. Rußland trotzte sein Reich in zäher Eroberung den Mongolen und den Turkvölkern ab, bis es schließlich China umklammerte; die Vereinigten Staaten eroberten einen Kontinent durch das Faustrecht ihrer Trapper und ihrer Wirtschaftspioniere. Die Ideale einer Nation rächten sich, Iwan der Schreckliche und Rockefeller sind nicht ungestraft Vorbilder, ebensowenig wie Bonnie and Clyde. So nimmt man denn in Rußland die Regierung demütig hin, und in den Vereinigten Staaten glaubt man immer noch an den Selfmademan, ohne sich darum zu kümmern, ob er sein unermeßliches Vermögen legal oder illegal verdiente. Um diese Frage kümmern sich nur Hollywood-Filme, mit der Anmerkung freilich, die Personen seien frei erfunden. Allein der Erfolg zählt. Darum ist auch der Gangster zwar gefürchtet, doch im Grunde populär, weil gerade er die schrankenlose Freiheit verkörpert. Sein Kampf mit der Polizei wird denn auch durchaus sportlich bewertet. So ist es ungewiß, ob sich die Strukturen der beiden Imperien zu ändern vermögen oder ob die Sowjetunion erstarrt und die Vereinigten Staaten explodieren. Es ist eine Frage der Zeit und der politischen Entwicklung unseres Planeten, wie ja überhaupt seit der Erfindung der Atom- und Wasserstoffbomben alles eine Frage der Zeit geworden ist, die uns noch bleibt. Atlantis kann zum zweitenmal untergehen, das ist wahrscheinlich, doch es kann zum zweiten Male wieder auftauchen, das ist möglich.

88
Als wir von New York nach Genf zurückflogen, war es Nacht. Den Wind im Rücken, brauchten wir nicht über Grönland zu fliegen. Das Flugzeug raste mit tausend Kilometern in der Stunde über den Atlantik, an der Grenze zwischen unermeßlichen Wolkenbänken und einem tiefschwarzen Himmel. Durch die Fensterluke waren nur zwei helle Sterne zu sehen, die nahe beieinander standen, offenbar Planeten. Wahrscheinlich Saturn und Mars, der Gott, der seine eigenen Kinder verschlang, und der Gott des Krieges.

89

Ich blicke zurück. Was waren meine stärksten Eindrük-
ke? In Miami sah ich den sogenannten Killer-Wal. Es
handelte sich wohl um einen Schwert-Wal, den man der
Familie der Delphine zuordnet und der als das gefährlich-
ste Raubtier der Meere gilt. Das gewaltige Tier war etwa
sieben Meter lang. Es war wunderschön, der Rücken
tiefschwarz mit großen, weißen Flecken, der Bauch
weiß. Das Bassin, in welchem es in der Diagonale lag,
schien zu klein für seine Größe. Das Tier frißt täglich
Unmengen von Fischen, und man sagte mir, dem Wasser
würden ständig Betäubungsmittel beigemischt, um die
Bestie zahm zu halten. Würde sie sich ihrer Stärke bewußt, würde sie ihr Gefängnis zertrümmern. Aber das
Tier müßte dann an seinem Gewicht ersticken.

90

In Kabah auf der Halbinsel Yukatan starrte ich lange
nach einer bizarren Steinplastik auf den Stufen eines
zerstörten Mayatempels. Die Steinplastik regte sich
plötzlich. Es war ein Leguan.

91

Übrigens schwimmt am Hausboot, wo wir wohnten,
mitten in Fort Lauderdale, einer Millionenstadt, seit
einiger Zeit, wie man mir jetzt berichtet, ein Alligator
vorbei.

Bericht über zwei Miniaturen

1971

Österreich und die Schweiz sind zwei Staaten, die sich trotz ihrer Verschiedenheit immer ähnlicher werden. Sie sind sich zwar unähnlich, sieht man genauer hin, doch sind sie sich ähnlicher geworden, was ihre Bedeutung betrifft. Beide sind Miniaturbilder in einer Zeit, die sich von Kolossalschinken beeindrucken läßt, beide sind mit Lupen zu betrachten: doch sind die Schwierigkeiten des Beobachtens verschieden. Das Tückische, untersucht man Österreich mit einer Lupe, besteht im überdimensionierten Goldrahmen, der dieses Miniaturbild umgibt, so daß man mit der Lupe mühsam den Rahmen absuchen muß, bis man die Miniatur endlich findet. Bei der Schweiz dagegen bereitet nicht der Rahmen, sondern die Miniatur Schwierigkeiten. Stellt sie, mit bloßem Auge betrachtet, eine Idylle dar (Rütlischwur mit den Alpen im Hintergrund), zerfällt sie unter der Lupe in eine Vielheit von sich widersprechenden Bildern, die keine Einheit mehr ergeben. Chemisch gesprochen: die Schweiz ist eine Mischung, die darum nicht auseinanderfiel, weil sie jahrhundertelang von Großmächten umgeben war. Sie entstand unter Druck, ein Grund, der heute nicht mehr vorhanden ist. Die Schweiz ist nicht mehr das Herz Europas (eher Luxemburg), nicht mehr von Großmächten umgeben, sondern von drei kleinen Großstaaten, einem Kleinstaat und einem kleinen Kleinstaat (Öster-

reich und Liechtenstein). Dennoch besteht die Schweiz
weiter, wenn auch die Theorien, weshalb sie weiterbe-
steht, verschieden sind. Einige meinen, die Schweiz er-
halte sich aus Gewohnheit, andere betrachten die
Schweiz als eine deutsch-französisch-italienisch-rätoro-
manische Völkermischung, die darum nicht explosiv sei,
weil sie zu klein sei, um explodieren zu können, während
die alte österreichisch-ungarische Monarchie eine so große deutsch-ungarisch-slawische Völkermischung dargestellt habe, daß sie explodieren mußte: Österreich sei
einer der Überreste dieser Explosion. Damit stoßen wir
auf einen weiteren Gegensatz. Der Österreicher sieht sich
als Resultat einer geschichtlichen Evolution. Dieser Gegensatz führt jedoch zu einer neuen Ähnlichkeit. Beide
sind stolz auf ihre gegensätzliche Vergangenheit. Wohnt
der Österreicher in einer kleinen Hütte, so ist er jetzt auf
seinen Palast stolz, der ihm einst in die Luft flog und in
dem er gewohnt hatte, während der Schweizer, der jetzt
in seinem feudalen Palace-Hotel residiert, stolz darauf
ist, einmal in einer Hütte gehaust zu haben. Doch ist das
historische Verhältnis der beiden Völker verzwickt. Der
Österreicher besitzt eine Zwischenvergangenheit, in der
er nicht mehr ein Österreicher, sondern ein Großdeut-
scher, der Schweizer eine Vorvergangenheit, in der er
noch nicht ein Schweizer, sondern ein Urschweizer war.
Weil nun der Schweizer seine Niederlagen verdrängt und
nur von seinen Siegen träumt, die alle in seine Vorvergangenheit fallen, von seinen damaligen Feinden jedoch, weil
es keine Burgunder mehr gibt, nur noch die Österreicher
übriggeblieben sind, stellen für den Schweizer die Österreicher den Erbfeind dar. Morgarten und Sempach. Dazu
kommt noch ein besonderer Umstand. Die Urschweiz

führte natürlich nicht mit Österreich, sondern mit den Habsburgern Krieg, die wiederum selber Schweizer waren (die Kapuzinergruft als Auslandschweizer-Friedhof), so daß des Schweizers Erbfeind eigentlich nicht der Österreicher, sondern der Schweizer ist (auch Geßler, der vom schweizerischen Nationalhelden Wilhelm Tell erschossen wurde, war ein Schweizer). Der Schweizer sieht daher im Österreicher einen Doppelgänger, dem ein anderes Schicksal zuteil wurde. Der Österreicher und der Schweizer sind als Alpenbewohner eineiige Zwillinge, und eineiige Zwillinge erleiden auch in anderen Milieus zuletzt das gleiche Schicksal: beide sind heute neutral. Der eine war es seit langem, der andere ist es seit kurzem. Österreich möchte ich mit einem schweizerischen Byzanz vergleichen – nach der Zerstörung durch die Kreuzritter freilich –, auch damals wurde aus Ostrom ein Kleinstaat. Indem ich jedoch die Miniaturen noch einmal mit bloßem Auge betrachte, fällt mir auf, daß ich Österreich falsch betrachtet habe, von Anfang an unter der Lupe nämlich, so daß ich den Rahmen für die Miniatur und die Miniatur für den Rahmen hielt: Ist der Rahmen eine Hirschhornschnitzerei, so besteht die Miniatur aus Gold. Österreich weist eine wirkliche Metropole auf, eben die goldene Miniatur, etwas, was die Schweiz nie besaß und Deutschland nicht mehr besitzt. Die Österreicher zerfallen in Wiener und Nichtwiener, während von den Schweizern nicht gesagt werden kann, sie bestünden aus Bernern und Nichtbernern, weil sie gleichzeitig aus Zürchern und Nichtzürchern, aus Sanktgallern und Nichtsanktgallern, aus Waadtländern und Nichtwaadtländern usw. bestehen. Doch das sind subtile Unterscheidungen: Betrachtungen über Miniaturen lassen nichts

anderes zu. So ist etwa des Österreichers Humor nur
subtil von jenem des Schweizers verschieden. So ungleich
sie zuerst zu sein scheinen, der Österreicher besitzt einen
Humor, auf den er sich etwas einbildet, des Schweizers
Humor besteht im Ernst, über den er sich lustig macht.
Noch subtiler ist mein persönliches Verhältnis zu den
beiden Miniaturen. Ich war weder je im Burgtheater noch
je im schweizerischen Landesmuseum. Ich fühle mich in
Österreich nicht in der Fremde, aber auch nicht zu
Hause. Ich fühle mich mehr als Österreicher denn als
Ostschweizer, doch mehr als Berner denn als Tiroler,
wenn ich auch die Tiroler schätze. Jedes Jahr kaufe ich
mir eine Zeichnung Floras.

Nachrichten vom Schloß

1971

Ein tschechoslowakischer Schriftsteller sagte mir, er verstehe Kafka erst, seit sein Land kommunistisch geworden sei. Die ›New York Times‹ fordert mich auf, ein ›kafkaeskes Essay‹ über die Affäre zu schreiben, in die sie mit der Regierung der USA verstrickt ist.

Kafka ist ein religiöser Schriftsteller; daß er heute politisch verstanden werden kann, ist symptomatisch für unsere Zeit. Die Parallelen sind bestürzend. Im Roman *Das Schloß* etwa wendet Kafka für den Himmel das Bild einer unübersichtlichen Administration an. Dieses Bild ist heute politische Realität. Zog im fünfzehnten Jahrhundert der deutsche Kaiser Friedrich III. mit seiner Administration, die aus einem Kanzler und vielleicht noch einem Schreiber bestand, auf einem Ochsenkarren durch sein Reich, wären heute sämtliche Ochsen der Bundesrepublik nicht imstande, die Administration dieses Landes zu transportieren. Auch die Ochsen der anderen Staaten wären dazu nicht imstande.

In den kommunistisch regierten Ländern drückt sich der Vorrang der Administration auch sprachlich aus. Nicht ein Präsident oder ein Regierungschef regiert, sondern ein Sekretär: jener der Partei, während sich die Machtkämpfe in einem geheimnisvollen Gremium abspielen, im Politbüro.

In der heutigen Welt gibt es keinen Sonderfall. Auch

die USA-Administration ist in Kafkas *Schloß* unterge-
bracht. Mag auch diese Administration von Zeit zu Zeit
teilweise umgeschichtet werden, als Ganzes wird sie erhalten und bleibt ebenso unübersichtlich wie jede andere
Administration in anderen Teilen des Schlosses (die ebenfalls von Zeit zu Zeit umgeschichtet werden). Doch nicht
die Tatsache, daß überall die Administrationen ins Unermeßliche angewachsen sind, ist ›kafkaesk‹. Die Zunahme
der Administration läßt sich rational erklären als Folge
unserer technischen Zivilisation und der Bevölkerungs-
explosion.

Wie für andere religiöse Denker liegt auch für Kafka
der Sinn dieser Welt bei Gott. Außerhalb der Welt.
Deshalb ist für Kafka der Sinn dieser Welt unbegreiflich.
Alles, was Gott tut, scheint zwangsläufig sinnlos, sinnlos
die Gerechtigkeit, sinnlos die himmlische Gnade. Gott
ist das Absurde. Der Mensch weiß weder, wessen er
schuldig geworden ist, warum ihm der Prozeß gemacht,
warum er zum Tode verurteilt und hingerichtet wird
noch wie er die Gnade erlangen kann. Kafka lehnt nicht
den Glauben an Gott, sondern den Glauben an die
Möglichkeit ab, Gott zu erkennen. Darum ist für ihn die
Frage sinnlos, ob Gott gerecht oder ungerecht, gnädig
oder ungnädig oder ob die Welt sinnlos oder sinnvoll sei.
Der Mensch muß sich Gottes Absurdität unterwerfen,
oder er ist dazu verurteilt, eine sinnlose Frage zu stellen,
auf die es keine Antwort gibt.

Der Mensch ist nicht nur religiös oder nicht religiös, er
ist auch politisch oder nicht politisch. Hier scheint mir
der Grundsatz wichtig, daß der Mensch zwar religiös,
aber nicht religiös politisch sein darf. Auf Kafka bezogen: Der Mensch darf sich zwar einem absurden Gott,

aber nicht einer absurden Regierung unterwerfen, einer Administration, von der er nicht weiß, ob sie gerecht oder ungerecht handle, weil deren Beweggründe ihm entrückt sind. Die Grenzen zwischen dem, was Gottes, und dem, was des Kaisers ist, sind nur zu ziehen, wenn auch die Grenzen zwischen dem, was des Glaubens, und dem, was des Verstandes ist, gezogen werden.

Für viele Christen ist Kafka religiös anstößig, sie glauben, daß Gott gerecht sei, daß die Welt einen Sinn habe, daß allein der Glaube selig mache. Das gleiche glauben die Patrioten vom Staat. Doch darf dem christlichen Glauben kein politischer Glaube entsprechen: Dem Patriotismus sind Grenzen gesetzt. Ob eine Regierung und mit ihr deren Administration gerecht seien, ist nicht zu glauben, sondern zu überprüfen. Nicht umsonst ist Kafka in den kommunistischen Staaten ein so umstrittener und oft noch verbotener Dichter: aus Furcht, Kafkas religiöse Irrealität werde als ein Bild der politischen Realität verstanden. Aus dem gleichen Grunde wird auch Solschenizyn verboten: Ein UdSSR-Patriot soll nicht wissen, wie die Dinge in seinem Lande stehen, er soll glauben, daß sie so stünden, wie sie stehen sollten.

Doch nicht nur der Bürger theologisiert die Politik, auch die Regierungen versuchen sich zu theologisieren, sich der Kontrolle zu entziehen. Auf Grund unerforschlicher Überlegungen beschloß die amerikanische Administration, in Vietnam einen Krieg zu führen, der kein Krieg sein sollte, sondern eine Verwaltungsmaßnahme, die deshalb der Macht des Parlaments weitgehend entzogen ist, die das amerikanische Volk aus patriotischen Gründen nicht zu kritisieren, sondern hinzunehmen, deren Berechtigung es nicht zu untersuchen, sondern zu glauben hat. Die USA-Administration verwandelte die amerikanische Politik in einen mystischen Vorgang. Was in der Religion Frömmigkeit heißt, hat es nun auch in der Politik zu sein: Das Hinnehmen einer administrativen Verordnung als Schicksal, und bringe sie den Tod. Deshalb richtet sich die Veröffentlichung der Geheimakten in der ›New York Times‹ auch gegen Kafkas *Schloß*. Der Kampf ist symbolisch – weil die USA-Administration sich selbst zum Symbol ihrer Unwahrhaftigkeit machte –, der Ausgang politisch. Dieser Kampf ist kein Verrat, die Enthüllung war notwendig. Kafkas absurdes *Schloß* kann politisch nur durch ›Nachrichten vom Schloß‹ ad absurdum geführt werden: Die Macht des Schlosses liegt allein im Unkontrollierbaren, im Geheimnis. Geistige Aufklärung ist wirkungslos, wenn sie nicht auch eine politische ist.

Der schwierige Nachbar oder
Exkurs über Demokratie

1974

Eigentlich ist für die Schweiz jeder Nachbar schwierig. Eigentlich wäre sie am liebsten eine Insel. Und weil sie es nicht ist, sondern mehr ein Durchgangsbahnhof mit Groß- und Privatbanken den Bahnsteigen entlang, samt garantiertem Bankgeheimnis, und mit hinter diesen Bahnsteigen und Banken ausgestellten Gebirgslandschaften, sind für den Bahnhof Schweiz eben die benachbarten Bahnhöfe schwierige Bahnhöfe, lauter Kopfbahnhöfe, sogar Wien, denn der eiserne Vorhang besteht immer noch nicht aus Blech. Nun mag dieses Bahnhofsgleichnis in den Zeiten der Ölkrise zwar wieder etwas ins Moderne gerückt sein, doch das Schwierige, als das jede Nachbarschaft von der Schweiz empfunden wird, erklärt es nur oberflächlich; es liegt wohl daran, daß die Schweiz weder eine sprachliche noch eine kulturelle Einheit darstellt wie sogar Liechtenstein, sondern eine Dreiheit (die vierte, die rätoromanische Schweiz, gibt es nur noch literarisch). Das alpine Rassengemisch der Eidgenossenschaft hat sich seine Sprachen und Kulturen von den Nachbarn zusammengeklaut. Es leidet an einem versteckten Minderwertigkeitsgefühl, damit an einer angeborenen Xenophobie, Grundlage jeder rentablen Fremdenindustrie. Wer mit den Fremden ein Geschäft machen will, darf sie auch nicht besonders mögen. Doch ist hier nicht von der Schweiz die Rede, sollte nicht die Rede sein, vor allem nicht so ausführlich, sondern von der ihr als Nachbarn schwierigen Bundesrepublik, wobei es freilich diese Schwierigkeit mit sich bringt, daß gleichzeitig von beiden ausführlich die Rede sein muß: vom Subjekt Nachbar, der dem Objekt Nachbar etwas Schwieriges ist, insofern Nachbarn überhaupt im Dativ zueinander stehen können, ist doch jeder Nachbar eines anderen Nachbarn Nachbar; Nachbar sein ist eine genitivische Angelegenheit, offenbar eine des Genitivus possessoris, weshalb Nachbarn untereinander so oft in Schwierigkeiten geraten; wo grammatikalische Klippen auftauchen, sind auch wirkliche versteckt: Vom Verhältnis der Schweiz zur Bundesrepublik ist deshalb nur dialektisch zu reden. Der eine Nachbar ist ein Resultat des Davonkommens, der andere eines des Zusammenbruchs; der eine richtete sich ein, der andere wurde eingerichtet; bei beiden ist viel schlechtes Gewissen im Spiel, kommen sie aufeinander zu reden. Der eine wirft dem anderen vor, ein Held, der andere dem anderen, keiner gewesen zu sein; der eine bildet sich nachträglich ein, doch einer gewesen zu sein, indem der andere es nur nicht gewagt hätte, ihn anzugreifen; der andere beklagt sich über den anderen, Geschäfte gemacht statt gelitten zu haben. Zugegeben, das sind Nuancen des intimeren Zusammenlebens, mitteleuropäische Bettgespräche. In einen größeren Zusammenhang gebracht: Ist das Verhältnis der Schweiz zu seinem nördlichen Nachbarn an sich wie zu jedem seiner Nachbarn schwierig, ist es noch auf eine besondere Weise schwierig, wenn auch die komplizierenden Faktoren jenes mehr unterschwelligen Gefühls, wovon wir eben gesprochen haben, in ihrer Vierehe mit ihrem nördlichen Ehegenossen – um das Verhältnis einmal so zu umschreiben – vor allem in der deutschen Schweiz endemisch ist. Gewiß, auch die anderen zwei Teile der dreiteiligen Schweiz haben mit der Bundesrepublik ihre Probleme; so existiert sie für die französische Schweiz außer als wirtschaftliche nur als fußballerische Größe, und das Tessin kommt sich von Westdeutschland weit eroberter vor als die beiden anderen Teile, zugegeben, doch die deutsche Schweiz ist außerdem noch ein Teil des deutschen Sprachraums, wie Österreich und die DDR. Ein besonderer Teil. Gleichsam nur schriftlich. Rednerisch ist er im Mittelalter geblieben, er stellt ein sprachliches Fossil dar – ein außenpolitisch psychologischer Vorgang: Der Deutschschweizer trennte sich, indem er bei seinem Alemannisch blieb, emotionell vom Reich; daß er Hochdeutsch schreibt, hat dagegen einen innerpolitischen psychologischen Grund. Zur Muttersprache des Alemannischen trat die Vatersprache des Hochdeutschen, die jene des Staates und der Gesetze wurde: Für den Deutschschweizer, der, indem er sich von seiner Nation trennte, keiner Nation mehr angehört, kann der Staat nur ein Kunstgebilde sein (der Mythos von Wilhelm Tell ist als Sage und Drama Importware, und die Armbrust ist ein Warenzeichen geworden) – eine Tatsache, die viele Schweizer vergessen –, während die Nationen dazu neigen, in ihren Staaten mythische Gebilde zu sehen, befugt, gleich das ganze Abendland zu vertreten – eine Tatsache, die viele Deutsche nicht vergessen können. Weshalb denn auch die Politik für den Schweizer stets mehr eine Kunst, für den Deutschen dagegen mehr einen Glauben darstellt, ein Unterschied, der sich bei der heutigen Jugend diesseits und jenseits des Rheins abzuschleifen beginnt. Die Neigung zum politischen Glauben hin ist auch in der Schweiz offensichtlich,

Ideologie ist überall wieder Mode. Doch führten die sprachlichen Verhältnisse dazu, daß der Schweizer vom Deutschen oft als Zwitterwesen empfunden wird. Unter den Ehen, die Deutschland mit seinen deutschstämmigen Nachbarn führt, ist jene mit der deutschen Schweiz wohl die kälteste, so kalt, daß es nicht einmal einem Hitler einfiel, die Schweiz ins Reich heimzuholen, was er doch mit Österreich oder dem Sudetenland so stürmisch praktizierte; ein Liebeswerben, das dort durchaus nicht unerwidert blieb. Eine mehr als rudimentäre Heim-ins-Reich-Bewegung gab es dagegen in der Schweiz nicht, dazu war der Schweizer zu sehr Kleinstaatler. (Wobei nicht verschwiegen werden soll, daß Hitler die Schweiz aus dem einfachen Grunde nicht heimholte, weil er sie ohnehin im Griff hatte, von seinen Truppen umzingelt, war sie ihm als neutraler Staat nützlicher als ein eroberter; die Neutralität hat durchaus auch ihre zynischen, ja amoralischen Aspekte.) Daß es in der Schweiz einen Faschismus gibt und gab oder Ansätze dazu, soll damit natürlich nicht bestritten sein, für einen Kleinstaat bildete und bildet jede Blut-und-Boden-Ideologie eine ständige latente Gefahr – ein Zug, den man ganz gut auch etwa in Bayern beobachten kann, doch nicht hin auf ein Reich oder auf ein Europa, sondern hin zu einem ›Sonderfall Schweiz‹ usw. (oder auf einen ›Sonderfall Bayern‹). Womit wir natürlich bei der Gretchenfrage angelangt sind: Großstaat oder Kleinstaat? Deutschland hatte den ersten Weg eingeschlagen. Hatte. Sein Weg führte von der Kleinstaaterei zur Großmacht, wobei sein Versuch in Weltpolitik in der neueren Geschichte besonders unglücklich ausfiel. Wir brauchen nicht ausführlicher zu werden. Die Schweiz bildete sich radikal zum Kleinstaat aus, mit dem Erfolg, daß sie in den Verruf kam, allmählich aus der Geschichte aus- und in die Geschäfte eingetreten zu sein. Die Gnomen von Zürich sind gegenwärtig wohl die berühmtesten Zwerge. Der benachbarte Riese dagegen erlitt ein ähnliches Schicksal. Besiegt und entzweigehauen trat auch er nach seiner verunglückten Weltpolitik aus der Geschichte in die Geschäfte ein, wenigstens was seine westliche Hälfte betrifft, die östliche wechselte nur ihr ideologisches Hemd. (Was dem Schweizer die DDR so unheimlich macht, liegt nicht etwa nur, wie man oft behauptet, in deren Ideologie begründet, sondern noch weit mehr in dem, worin ihm auch der Großdeutsche unheimlich war, in der verhängnisvollen Mischung von Tüchtigkeit, Pedanterie und Ideologie.) Westdeutschland ist damit so etwas wie ein um vieles jüngerer, doch um vieles größerer Bruder der Schweiz geworden. Ein Wohlstandsbruder. Denn rentierte dem einen sein Davonkommen, rentierte dem anderen seine Niederlage. So ist denn das heutige deutsch-schweizerische Verhältnis so glücklich wie nie: Die Aufgabe beider Staaten ist vor allem eine innenpolitische, jene nämlich, die Demokratie zu verwirklichen. Nun, das war es zur Zeit der Weimarer Republik eigentlich auch. Doch nur eigentlich. Denn im Grunde versuchte die Weimarer Republik mehr Großmacht zu sein (oder wieder zu werden) als eine Demokratie, während das heutige Westdeutschland – weil es ein Ostdeutschland gibt – endgültig keine Großmacht mehr ist. (Wenn auch eine gewisse Flucht in außenpolitische Erfolge vor den inneren Schwierigkeiten in neuester Zeit nicht zu übersehen ist.) Womit wir auf die Frage der Demokratie stoßen: Sie stellt sich offenbar dann, wenn die Frage

Großmacht oder nicht in den Hintergrund tritt. Da der Herausgeber dieses Buches wohl mit einem gewissen Hintergedanken auch einen Komödienschreiber aufforderte zu schreiben, sei ein Verdacht frei geäußert, jener nämlich, es sei das besondere Pech unserer Zeit, daß ihren zwei Grundideen Freiheit und Gerechtigkeit, ins Politische übersetzt: Demokratie und Sozialismus, heute ein Kampfplatz zugeordnet ist, der beiden Ideen schadet. Die Demokratie muß ihren Kampf in den USA durchfechten und der Sozialismus in der UdSSR, in zwei Supermächten, bei denen die zwei Grundideen Gefahr laufen, in die Schwerkraft der Großmachtpolitik zu geraten und abgebogen zu werden. In dieser Hinsicht scheinen mir Westdeutschland und die Schweiz idealere Laboratorien zu sein. Scheinen. Denn idealere Bedingungen verführen leicht zur Nachläßigkeit. Vor lauter Möglichkeiten verwirklicht man keine. Damit geraten wir vom Provinziellen ins Weltpolitische, vom Nachbarlich-Besonderen ins Nachbarlich-Allgemeine, vom Speziellen ins Philosophische. Beide Nachbarn müssen sich darüber einigen, worin denn die Demokratie bestehe, die sie erstreben, auf welchem Feld des Politisch-Ökonomischen sie zu finden sei, kommt doch bald jede politische Richtung und jede Splittergruppe dieser politischen Richtungen mit der Demokratie als Ausrede. Eines sei deshalb gleich klargestellt. Eine Binsenwahrheit, die ebenso in der Bundesrepublik wie in der Schweiz gilt, überall gilt: Der Gegensatz zur Demokratie ist nicht der Sozialismus, wie uns gewisse Kreise einzureden versuchen, sondern die Diktatur, und der Gegensatz zum Sozialismus nicht der Faschismus, wie wiederum jene anderen Kreise behaupten, die gleich alles braun sehen, was nicht ihre

Farbe trägt, oder wenn nicht faschistisch, so doch faschistoid, wie der modische Fachausdruck lautet; der Gegensatz zum Sozialismus ist der Kapitalismus, und den mit dem Faschismus gleichzusetzen oder, umgekehrt, den Sozialismus mit der Diktatur, sind unredliche Taschenspielerkunststücke. Die Demokratie läßt sich komödiantischerweise am besten mathematisch bestimmen. Durch ein Koordinatensystem [S. 133]. Projizieren wir die Ebene des Politisch-Ökonomischen auf eine Wand, so können wir diese durch eine Senkrechte und eine Waagrechte in vier gleiche Felder teilen. Die Senkrechte nennen wir die politische, die Waagrechte die ökonomische Linie. Wir erhalten, vom Schnittpunkt dieser Linien aus gesehen, vier ›Achsen‹, deren jede die Seite zweier Felder ist. Die Achse vom Schnittpunkt der Senkrechten nach oben ist die demokratische, die nach unten die diktatorische (ideologische), die der Waagrechten vom Schnittpunkt nach links die sozialistische, die nach rechts die kapitalistische Achse (Fig. 1), ein Koordinatensystem, das an sich nichts bedeutet, außer daß es den Dampf der politischen Terminologie ein wenig lichtet, in welchem jeder jeden mit jedem beschimpft, denn der Staat als ein politisches Gebilde ist viel zu kompliziert, als daß er mit Hilfe der analytischen Geometrie dargestellt werden könnte, ist er doch nicht nur ein Verwaltungsapparat, sondern darüber hinaus eine individuelle Institution mit einer eigenen Geschichte. Dagegen meine ich aber als das Individuum, das ich bin (und als Individuum bin ich nun einmal ins ganze Weltgeschehen mit verstrickt), daß an Hand dieses Koordinatensystems gewisse Leitideen deutlich werden, die im allgemeinen den Staaten als Institutionen zugrunde liegen, Ordnungsprinzipien: Daß es

heute nämlich zwei ›progressive‹ Grundtendenzen
und zwei ›reaktionäre‹ Grundgefahren gibt. Zu den
Grundtendenzen: Die einen (dazu gehören auch die Bundesrepublik und die Schweiz) versuchen, um die Achse
Demokratie herum ein Staatsgebilde zu entwickeln, wo
der Sozialismus als Korrektiv des Kapitalismus auftritt,
das heißt, das demokratisch-kapitalistische mit dem de-
mokratisch-sozialistischen Feld ins Gleichgewicht zu
bringen, mathematisch gesprochen: ein rechtwinkliges
Dreieck zu bilden, beiderseits der demokratischen Achse, das auf dem Schnittpunkt der politischen und der
ökonomischen Linie ›auf der Spitze‹ steht (Fig. 2), und
die anderen sind dabei, ein rechtwinkliges Dreieck um
die Achse Sozialismus herum zu errichten – wobei die
Demokratie als Korrektiv der Diktatur (des Proletariats)
auftreten sollte (Fig. 3). Welche dieser zwei Grundtendenzen die richtigere sei, ist eine Frage der menschlichen
Konzeption, der Empiriker wird der ersten, der politisch
Gläubige der zweiten zuneigen (ein Umstand, der in
China vielleicht umgekehrt sein mag). Die Hauptgefah-
ren heute wären dagegen jene antiquierten Unternehmen,
welche als die Achse ihres Staatsgebildes entweder den
Kapitalismus (Fig. 4) oder die Diktatur sähen (Fig. 5).
Daß die Problematik des ›demokratischen Dreiecks‹
(Fig. 2) auf der ökonomischen Waagrechten liegt, dürfte
aus dem Gedankenmodell deutlich hervorgehen, weil es,
treten Gleichgewichtsverlagerungen auf, entweder nach
rechts oder links kippt, um als ein Dreieck um die
kapitalistische oder sozialistische Achse vorübergehend
zur Ruhe zu kommen, vorübergehend, während das
Problem des ›sozialistischen Dreiecks‹ (Fig. 3) in der
ideologischen Senkrechten zu suchen ist (die wir etwas

boshaft, doch nicht ohne geschichtliche Gründe, mit jener der Diktatur gleichgesetzt haben): allzu leicht fällt ein sozialistisches Gebilde ›nach unten‹, läßt das demokratische Gegengewicht nach, und pendelt sich endgültig um die Achse einer ideologischen Diktatur ein (Fig. 5), ein Schicksal, das auch einem ›kapitalistischen Dreieck‹ droht; jedes Dreieck um die Achse der Diktatur weist nebeneinander faschistische und sozialistische Züge auf, sie sind nur ideologisch unterschiedlich, von der gedanklichen Struktur her, von der Weise etwa, wie der Mathematiker zwei Arten des Unendlichen kennt, der Nichtmathematiker jedoch nur eine. Die politische Senkrechte erweist sich damit als geistige Linie, etwas verblüffend vielleicht, aber Politik und Macht (ohne Macht gibt es keine Politik) haben es durchaus auch mit dem Geist zu tun, wenn auch widerwillig: Er vermag von der Macht nur als System verdaut zu werden, darum ihr Hang zur Ideologie, was unter anderem die absurde Schwierigkeit demonstriert, welche die Freiheit des Geistes kommunistischen Staaten immer noch bereitet – sollte doch in dieser Perspektive die Kunst des Sozialismus gerade darin bestehen, Freiheit möglich zu machen. Doch von all diesen Gedankenmodellen zur Demokratie und damit zur Realität der Bundesrepublik zurück. Der schwierige Nachbar erweist sich als einer, der mit einer schwierigen Aufgabe beschäftigt ist, die gleich der seines Nachbarn ist, stellt sich doch die Demokratie als eine Gleichgewichtsübung dar, als eine nicht eben leichte. Denn auch die ökonomische Waagrechte, auf der sie als ›demokratisches Dreieck‹ balanciert, ist eine geistige Konzeption, jene der Gerechtigkeit nämlich. Sahen wir in der Freiheit ein Recht, entdecken wir plötzlich, daß sie eine Kunst ist:

Die Ermöglichung der Gerechtigkeit. Es gibt auch unangenehme Erkenntnisse. Wer in Ketten geboren ist, wird noch lange kein Künstler, werden ihm diese Ketten abgenommen. Die Demonstration der Freiheit bis zum Exzeß ist daher sinnlos. Wir vermögen unsere Freiheit nicht zu beweisen, indem wir sie sinnlos auf die Spitze treiben. Die Beweise unserer Freiheit sind die Resultate der Gerechtigkeit, welche von der Freiheit hervorgebracht werden. Indem wir diese Kunst lernen müssen, werden die Schwierigkeiten der Nachbarschaft überflüssig. Das Ergebnis sollte Freundschaft sein, verlangt die Logik. Ob es jedoch im Bereich des Politischen logisch zugeht, zugehen kann, jemals logisch zuging, ist wieder eine ganz andere Frage.

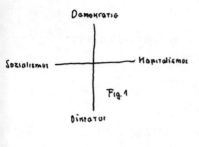

Fig. 1

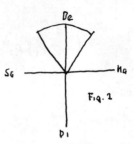

Fig. 2

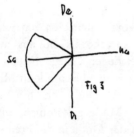

Fig 3

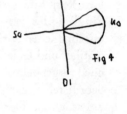

Fig 4

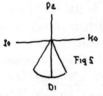

Fig 5

*Zwei Reden eines Nicht-Penners
an die Penner*

1975

Wiener Rede

Meine Damen und Herren,
Um kein Mißverständnis hervorzurufen: Ich bin kein
Mitglied des PEN-Clubs. Ich spreche als ein aus mir
unerfindlichen Gründen eingeladener Gelegenheitsdra-
matiker und Gelegenheits-Romancier. Ich bin kein Mitglied irgendeines Schriftsteller-Vereins. Ich bin als
Schriftsteller ziemlich aus der Mode gekommen, und
zufrieden darüber. Ich bin aus der Mode in die Freiheit
entlassen. Denn wer in der Mode ist, vor allem in der
Literatur, ist verpflichtet, sich nach der Mode zu verhalten, so zu schreiben, wie sie erwartet, daß er schreibt.
Nach ihr brauche ich mich also nicht zu richten: Ich
schreibe, wie es mir paßt. Daß ich heute vor Ihnen
spreche, ist denn auch eine Panne. Der eigentlich sprechen sollte, ist gesundheitlich nicht in der Lage zu sprechen, und der statt seiner reden müßte auch nicht. Die
Grippe grassiert. Daß man einen bat, den man ausdrück-
lich nach Wien lockte unter der Versprechung, er müsse
nicht sprechen – mein Pech. Ohne dieses Versprechen
wäre ich nicht gekommen. Wenn ich daher spreche, so
rede ich, wie ich denke: Ich habe schließlich nicht ver-
sprochen, im Sinne des PEN-Clubs zu sprechen. Ich rede

ohnehin so, wie ich denke. Sie sehen Panne um Panne. Der Internationale PEN-Club beginnt mit der Rede eines Schriftstellers, der nicht zum PEN-Club gehört, aus dem einfachen Grunde, weil er dem PEN-Club mißtraut. Weil er das Gefühl hat, er könne, gehöre er dem PEN-Club an, nicht mehr so frei reden, wie er möchte. Dieser Verdacht ist symptomatisch. Nicht nur, daß ich als Nicht-Mitglied des PEN-Clubs die Nicht-Anwesenheit von Mitgliedern des PEN-Clubs bemerke, von der der PEN-Club möchte, daß ich sie nicht bemerke, sondern auch – was mich nachdenklicher stimmt –, daß die Themen und die Redner und nach ihnen die Ersatz- und die Verlegenheitsredner, die sie behandeln müssen und eigentlich nicht möchten, eine Panne darstellen, sondern auch, daß dreißig Jahre Frieden wohl eine noch größere Panne für einen Club bilden, der sich international gibt. Vor dreißig Jahren waren die Fronten klar. Faschismus stand gegen Demokratie, Ideologie gegen Evolution. Doch handkehrum stand Marxismus gegen Demokratie. Das war der große Schwindel, auf den so viele hereinfielen. Aus einem Streit der sprachlichen Terminologien, der auf ideologischer, das heißt auf sprach-abergläubischer Ebene ausgetragen wurde, kämpfte wiederum die Demokratie gegen den Faschismus, indem sich die marxistische Welt als demokratisch erklärte und die demokratische Welt als faschistisch verschrie, während die demokratischen Staaten gegenüber den marxistischen den Vorwurf erhoben, sie seien eine totalitäre Welt. Dieser Sprachenstreit hatte einerseits dem marxistischen und dem demokratischen Lager erlaubt, miteinander den Krieg gegen Hitler durchzuführen, andererseits ermöglichte er es, nach dem Sieg den ideologischen Krieg gegeneinander weiterzuführen: nun war die Sowjetunion totalitär, und die demokratischen Staaten waren faschistisch. Was dann infolge der Entstalinisierung hochkam, die sogenannte Koexistenz, solle nur politisch und nicht ideologisch gelten. Breschnew hat das jüngst bestätigt. Für einen Politiker kann es wahrscheinlich nur, für mich als freien Schriftsteller kann es keine Koexistenz geben. Es sei denn, ich halte mich für einen geistigen Trottel. Ob es für den PEN-Club eine Koexistenz gibt, ist seine Sache. Ich bin nicht Mitglied des PEN-Clubs. Nur eines verbitte ich mir: daß ich ein politischer Scharfmacher sei. Wer geistig für die Koexistenz eintritt, die offiziell ideologisch nicht gilt, für eine Sache also, die doch eine immanent geistige Angelegenheit sein und eine geistige Auseinandersetzung herausfordern sollte, nehmen wir die Ideologie beim Wort, macht sich zum Eunuchen. Er entmannt sich selbst. Nichts gegen die geistige Auseinandersetzung, alles gegen einen faulen Frieden. Aber vor allem alles gegen die für jeden denkenden Menschen beleidigende Einteilung in links und rechts, in marxistisch und faschistisch, in progressiv und reaktionär, in diese dem Fortschritt des Geistes hohnsprechenden mittelalterlichen Kategorien des Entweder-Oder.

Meine Damen und Herren, als meine schriftstellerische Laufbahn begann, hatte die Welt genug von den Ideologien. Unser Kampf war gegen jede Ideologie gerichtet. Heute, nach dreißig Jahren Frieden, sehnt sich die Welt wieder nach Ideologien. Ich will meine Sorge nicht verschweigen, daß ich in Ländern, die dem ideologischen Trend verfallen sind, eine Kunsttendenz am Werk sehe, die sich von der Kunstrichtung der Nazis scheinbar in nichts unterscheidet, die, um wenigstens die Wahrheit anzutönen, zurück zur Klassik, zurück zum Klassizismus genauer, zurück zur schönen Form, zurück zur schönen Sprache flüchten muß. Ich will auch nicht meine Besorgnis unterdrücken, daß der Marxismus, von dem ich glaube, daß er wesentliche Erkenntnisse der Abhängigkeit des Menschen von der Beschaffenheit der menschlichen Gesellschaft gebracht hat, immer noch den Anspruch erhebt, eine für alle und alles gültige Weltanschauung zu sein, der damit, pervertiert, zu einer Ästhetik wird, zu einem ästhetischen Kriterium endlich von Kunstmarxisten, die das Schaffen vieler Schriftsteller im Westen im Feuilleton kapitalistischer Zeitungen sabotieren. Nichts gegen den Marxismus als ökonomisches Prinzip, alles gegen ihn als ästhetische Kategorie. Das alles, meine Damen und Herren, ist nicht offiziell, in Zeitnot entworfen von einem Schriftsteller, nirgendwem angehörig, etwas unfair eigentlich. Aufgefordert, eine Rede zu halten, aufgefordert von einem etwas ängstlichen PEN-Club, wie mir scheint, dem ich Gott sei Dank nicht angehöre, vor dem ich, Gott sei's geklagt, Rede und Antwort stehen muß über eine Zeit, so wirr, in welcher der Zionismus als Rassismus bezeichnet wird, unter anderem von einem Staat, den ich anerkenne, der, statt wenigstens den minimalen Mut aufzubringen, sich der Stimme zu enthalten, dieser schändlichen Resolution zustimmt.

Meine Damen und Herren, ich habe geschlossen, ein Verlegenheitsredner der Organisation, für niemand verantwortlich als für mich selbst – ich danke Ihnen.

PEN *und* UNO

Meine Damen und Herren,
Wenn ich Sie bitte, gegen die Feststellung der Vereinten
Nationen, der Zionismus sei ein Rassismus, zu protestieren, so nicht aus politischen Gründen, sondern aus einer
intellektuellen Redlichkeit heraus, die ich bei jedem Mitglied des PEN-Clubs als selbstverständlich voraussetze.
Um kein Mißverständnis aufkommen zu lassen: Ich habe
nie bestritten, daß es sich im Nahost-Konflikt um einen
tragischen Konflikt handelt, daß hier Naturrecht gegen
Naturrecht steht, daß die Palästinenser ebenso ein Recht
auf ihren eigenen Staat besitzen wie die Juden, daß
ebenso wie die Juden die Palästinenser lernen müssen,
miteinander auszukommen, wollen sie nicht miteinander
untergehen. Doch stellte es bis vor kurzem eines der
stärksten politischen Argumente der Palästinenser dar,
sie seien keine Antisemiten, weil sie selbst Semiten seien:
Auch mich hat dieses Argument überzeugt. Es ist daher
rätselhaft, warum die Palästinenser diese einleuchtende
existentielle Feststellung, die gleichzeitig die Tür für einen
Frieden offenhielt, zugunsten einer so lächerlichen Ideologie fallenließen, wie es die Behauptung darstellt, daß der
Zionismus, der doch nur die Antwort auf den ältesten
Rassismus ist, den es gibt, auf den Antisemitismus, selbst
ein Rassismus sei. Die Resolution der UNO schlägt der
Vernunft ins Gesicht. Die Frage ist nur, warum eine so
erstaunliche Fehlleistung geschehen konnte. Sicher spielten die Bemühungen mit, die Politik Sadats zu untermi-
nieren, möglicherweise ist das unterschwellige Bedürfnis mit
im Spiel, das einzige Imperium, das es noch gibt, das
sowjetrussische, und das vorläufig einzige, das noch ein

Imperium werden will, das panarabische, vor den möglichen Aufständen völkischer Minderheiten zu schützen, indem diese vorsorglich als rassistisch diskriminiert werden – vor allem könnten damit einmal auch die Palästinenser gemeint werden. Wer hier wen verführt hat, ist undurchsichtig: Eines steht fest, der zweischneidige Versuch der Palästinenser, ihren berechtigten Kampf um einen eigenen Staat mit einer unberechtigten Ideologie zu verbrämen, hat einen handfesten Hintergrund: Stellten ihre Terrorakte bis jetzt noch taktische Schachzüge in ihrem politischen Kampf dar, kommt ihr Vorstoß auf ideologischem Gebiet einem geistigen Terrorakt gleich. Von nun an ist jeder, der für Israel eintritt, da die Zionisten ja Rassisten sind und Israel ohne den Zionismus nicht entstanden wäre, ein Rassist. Diesen geistigen Terror hat der PEN-Club aufs schärfste abzuweisen, will er weiterbestehen. Denn von nun an ist keinem, der an diese UNO-Resolution glaubt, noch zuzumuten, sich mit einem zu verständigen, und sei es auch nur über die Literatur, den er für einen Rassisten hält, noch wird einer, der als Rassist beschimpft wird, und zwar von einer Weltorganisation, irgend jemandem Beachtung schenken können, der dieser Beschimpfung zustimmt. Die Ausrede ist kriminell, die ideologischen Attentate, mit denen die Politik den Geist korrumpiert, seien nicht so ernst zu nehmen, wie die Politik sie nimmt: Nimmt der Geist sie nicht ernst, wird er mitschuldig an jener Schlamperei, die taten- und wortlos zuschaut, wie die Welt wieder einmal in eine Katastrophe schlittert. Indem der PEN-Club sich tapfer stellt, kann er die Geschichte nicht ändern, aber er kann sich glaubhaft machen. Das, meine Damen und Herren, wäre viel.

Erzählung vom CERN

1976

An einem Samstag im Februar des Jahres 1974 wird mir von einem Physiker, einem Bekannten Albert Vigoleis Thelens, das ›Europäische Laboratorium für Kernforschung‹ gezeigt, CERN. Am Stadtrand von Genf. Es ist kalt, Bise. Eine unermeßliche Industrieanlage, kilometerweit, scheint es, Gebäude an Gebäude. Wir besteigen zuerst einen Aussichtsturm mit Sicht über das Ganze. Thelen, der mitgekommen ist und den Ausblick schon kennt, amüsiert sich, ihm kommt der Aufwand, der da getrieben wird, komisch vor, ich bin verwirrt, der bescheidene Arbeitstisch Otto Hahns steht mir vor Augen, auf welchem die erste Atomspaltung glückte, irgendwo sah ich ihn abgebildet, er hätte auch in Doktor Fausts Kabinett gepaßt: einige Batterien, Glühbirnen, Spulen, ein Paraffinschutzring; und nun diese Ungeheuerlichkeit, die Experimentalphysik braucht nicht zu sparen, hier bastelt sie mit Zyklopenarmen und Millionenkrediten. Wir fahren in einem Auto herum, die Anlage zu besichtigen, zu Fuß wäre es nicht zu schaffen, ein Tagesmarsch. Zuerst eine Blasenkammer, von außen ein bescheidenes Industriegebäude, hangar- oder schuppenähnlich in meiner Erinnerung. Im Vorraum sitzen Techniker um einen Tisch, einer raucht eine Pfeife. Wir müssen die Uhren abgeben, das magnetische Feld sei zu groß. Im Innenraum steht ein gewaltiges Monstrum, tausend Tonnen,

schwer zu beschreiben, weil Vergleiche fehlen. Wir besteigen eine Treppe, befinden uns wie auf einer Kom-
mandobrücke, in meiner Tasche fühle ich, wie sich die
Schlüssel bewegen, gegen die Maschine streben: ein me-
tallenes Feuerzeug, dann ein Messer bleiben an ihr kle-
ben. Gewaltige Entladungen, weiße Elektronenblitze,
wie Herzschläge eines Giganten; durch ein Fenster erblicken wir in einem aufzuckenden blauen Muster die
Spuren der in die Blasenkammer schießenden Atomker-
ne, die durch den 628 m langen Ring des Protonensynchrotrons gerast sind, immer wieder, dabei durch 14
Energiestöße immer mehr beschleunigt wurden, immer
unglaublicher, bis sie einen Weg zurückgelegt hatten, der
beinahe so lang ist wie die Strecke von der Erde zum
Mond, zuletzt fast mit Lichtgeschwindigkeit dahinschie-
ßend. Drei Kameras fotografieren jeden Blitz, die drei
Fotos werden stereometrisch ausgemessen, alles automa-
tisch, Hunderttausende von Aufnahmen für ein einziges
Experiment, Techniker setzen Filmrollen ein, in einer
halben Stunde verbraucht jede Kamera einen 600 m langen 500-mm-Film. Als wir zurückkommen, sitzen im
Vorraum zur Blasenkammer immer noch die Techniker,
machen Eintragungen, wenigstens hin und wieder, sie
haben Zeit, lesen Zeitungen, der mit der Pfeife liest
Comics, eine Atmosphäre entspannter Gemütlichkeit.
Wir legen die Armbanduhren wieder an, die Techniker
beobachten uns dabei gelangweilt, dann Fahrt zum Kon-
trollraum des Speicherrings oder des Synchrozyklotrons
oder des Protonensynchrotrons oder aller Anlagen zusammen, ich weiß es nicht mehr, wahrscheinlich ist
schon längst die ganze Beschreibung ein Mißverständnis,
der Raum verliert sich im Dunkeln, seine Größe ist

schwer abzuschätzen. Wir erblicken durch die Glastür Hunderte von Lämpchen, Schalttafeln, kleine Televisionsscheiben, wie in einem Sciencefiction-Film, auch hier zeitungslesende Techniker, sie bewegen sich wie in einem Aquarium, warten auf irgendeine Panne, auf ein Tuten oder Pfeifen, auf irgendein akustisches Signal, um dann einzugreifen, zwei greifen offenbar auch ein, zur Freude Thelens, der schon hofft, alles gehe in die Luft, und nicht bedenkt, daß er dann auch mitflöge; sie telefonieren, ein dritter kommt, sie neigen sich über einen Kontrolltisch, einer telefoniert wieder, worauf sie beruhigt auseinandergehen, die Panne ist behoben oder wird anderswo behoben oder hat nicht stattgefunden, auch ein Kontrollämpchen kann sich irren, oder das akustische Signal wurde aus Versehen ausgelöst oder überhaupt nicht, vor der Glastür stehend hätten wir es ohnehin nicht gehört. Wir gehen weiter, besteigen wieder das Auto. Über dreitausend Leute beschäftigt die Anlage, die meisten nur mit dem vertraut, was sie zu tun haben: zu kontrollieren, Spulen auszuwechseln, Buch zu führen, irgend etwas zu installieren oder zu reparieren; vom Sinn des Ganzen wissen nur wenige, eigentlich nur die Wissenschaftler, die Physiker, und von denen auch bloß die Kernphysiker, und von den Kernphysikern nur die Spezialisten unter ihnen, die sich mit irgendwelchen Teilchen beschäftigen, mit den Neutrinos zum Beispiel, und nicht mit dem gesamten geradezu ungeheuerlichen Gebiet, das der Atomkern als Komplex darstellt; diese Teilchen-Spezialisten sind im CERN in der Minderzahl, sie stellen eine lächerliche Minderheit jener dar, die hier beschäftigt sind, dazu werden neunzig Prozent von den Versuchsanordnungen, die CERN durchführt, von Universitäten irgendwo in Europa und in den Vereinigten Staaten ausgeheckt, eingereicht und ausgewertet. CERN wird von Technikern, nicht von Physikern in Schwung gehalten, die Physiker treiben sich hier eigentlich nur aus Schicklichkeit irgendwelchen Politikern gegenüber herum, falls sie sich überhaupt hier herumtreiben, die Politiker müssen schließlich das Geld geben oder entscheiden, ob das Geld gegeben werde. Wir geraten in eine Halle voller Computer, die errechneten Resultate werden irgendwann an irgendeinen der Physiker oder, genauer, an irgendeinen der Spezialisten unter den Kernphysikern weitergeleitet oder an irgendeinen Spezialisten auf irgendeiner Universität geschickt oder, noch genauer, an das Team, dem er vorsteht, denn jeder Spezialist steht heute irgendeinem Team von Spezialisten vor (es kann heute einer noch so sehr Spezialist sein, es gibt in seinem Spezialgebiet immer noch Spezialgebiete, die immer noch Spezialisten hervorbringen), mit einem Mathematiker im hintersten Hintergrund des Teams, der die Arbeit all dieser Spezialisten auf ihre mathematische Stubenreinheit hin überprüft, als eine Art wissenschaftlicher Jesuitenpater – hat doch jede physikalische Aussage auch mathematisch zu stimmen, wie früher jede theologische dogmatisch in Ordnung sein mußte und heute wieder jede ideologische linientreu zu sein hat. Dort in diesen Teams, kann ich mir denken, werden weitere Computer gefüttert, ein Computer füttert den anderen und dieser wieder andere, wobei der Mensch vor allem dazu nötig ist, herauszufinden, ob die Computer, die da unaufhörlich rechnen, nicht falsch rechnen; die Computer seien schließlich nichts anderes als idiotische Rechengenies auf elektronischer Basis, wird uns erklärt, ein falscher Kontakt, und schon rechne der

Computer mit unwahrscheinlicher Geschwindigkeit in einer falschen Richtung drauflos, Resultate abliefernd, die ebenso falsch wie unbegreiflich seien und die, werden sie ernst genommen, zu völlig phantastischen Atommodellen führen würden. Auch diese Pannen kämen vor, sogar oft, zum Glück besitze CERN einen Mathematiker, der ebenfalls ein Rechengenie sei wie die Computer, wenn auch ein nicht so geschwindes, dafür ein intelligenteres, weil eben ein menschliches, der ungefähr, mehr instinktiv, er wisse selbst nicht wie, abzuschätzen wisse, ob seine elektronischen Brüder richtige oder falsche Resultate fabrizierten, ein Computerpsychiater also oder Computerseelsorger. Erleichterung unsererseits, der Mensch hat doch noch seine Aufgabe. Im übrigen sei CERN auch an sich nicht überzubewerten. Gewiß, es sei wirklich großartig, unwahrscheinlich, wie es als Organisation funktioniere, doch sei CERN schließlich nur da, um die Mutter Natur in Schwung zu setzen, die träge Materie zu beschleunigen, ihr mal Beine zu machen, stur, hartnäckig, immer hartnäckiger. Schon sei eine neue, noch gewaltigere Blasenkammer konstruiert, leider gerade außer Betrieb; der Hangar, worin sie stehe, vorsorglich leicht gebaut für den Fall einer an sich unwahrscheinlichen Explosion, diese Halle sei letzthin vom Sturmwind weggeblasen worden; Albert Vigoleis Thelen grinst, ich grinse mit, wenn auch leicht verlegen – am gleichen Nachmittag in Neuchâtel, als in Genf dieser Hangar davonflog, ich erinnere mich, erreichte der gleiche Sturm 160 km/h, auf dem Felsen über meinem Haus mußte ich mich in den Wald retten, die Hunde winselten, ein Krachen, ich erreichte eine Lichtung, eine große Buche war etwa acht Meter über dem Boden von den wütenden Luftmassen entzweigerissen wie ein zersplitterter Bogen –, und so haben wir jetzt dafür in Genf Pech, der Direktor der Blasenkammer bedauert, er hätte uns ein noch gewaltigeres magnetisches Feld vorführen können, wäre der Orkan nicht gewesen. Doch spielen Pannen keine Rolle, CERN weitet sich ohnehin weiter aus, eine Art umgekehrter NASA, die Erforschung immer kleinerer Teilchen erfordert immer riesenhaftere Einrichtungen, immer zyklopischere Installationen, schon ist ein Superprotonensynchrotron für eine Milliarde Schweizer Franken im Bau: 10 m unter der Erde eine Maulwurfmaschine angesetzt, die einen 4 m breiten, kreisrunden, 7 km langen Schacht durch das Gelände frißt, meist im französischen Gebiet, die Schweiz ist für CERN längst zu klein geworden. Man hofft, die Quarks zu entdecken, wobei unter Quark nicht ein Milchprodukt, sondern das kleinstmögliche Materieteilchen zu verstehen ist, von dem man hofft, es sei vom Superprotonensynchrotron aufzuspüren, falls es die Quarks überhaupt gibt, denn daß man mit der gewaltigen Anlage etwas sucht, was es gar nicht gibt – vielleicht gar nicht geben kann –, ist natürlich auch möglich. Auch wird zugegeben oder beinahe fast zugegeben, man weiß nicht recht, ob man es bestreiten soll oder zugeben darf, daß, wenn immer mächtigere Superprotonensynchrotrone, immer gewaltigere Speicherringe, immer monströsere Blasenkammern gebaut würden, man sich fragen müsse oder solle, ob der Mensch nicht Gefahr laufe, schließlich Ur-Teilchen zu erfinden statt zu finden. Doch wie dem auch sei, man möchte endlich dem Geheimnis des Neutrinos auf die Spur kommen, insoweit dieses Geheimnis überhaupt zu lüften sei, das Geheimnis eines Teilchens, das zwar eine Energie, doch keine

Masse aufweise oder fast keine Masse, einhundert Billionen solcher Teilchen schössen oder flössen in jeder Sekunde mit Lichtgeschwindigkeit durch unseren Körper, die Erde sei für sie nichts als ein durchlässiger nebuloser Ball, eigentlich überhaupt nicht vorhanden, wobei sich diese masselosen Teilchen, wie einige Physiker annehmen, noch um sich selber drehen, wie uns erklärt wird, etwas verlegen freilich; denn einerseits versichert uns der Physiker, er verstehe auch nicht viel davon, er sei kein Neutrinospezialist, und man dürfe die Teilchen nicht allzu materialistisch auffassen, sei es doch eigentlich unmöglich geworden, sich vom Bau eines so vertrackten Gebildes, wie es das Atom darstelle, eine Vorstellung oder gar ein Modell zu machen, jedenfalls müsse es widersprüchlich beschrieben werden, als ›Doppelnatur‹, anderseits wird er von Thelen und mir, neugierig wie wir als Schriftsteller nun einmal sind und bereit, als Erfinder von Geschichten auch in den Neutrinos etwas Erfundenes zu sehen, nun doch oder gerade deswegen in die Fragen verwickelt, was denn ein Neutrino eigentlich sei, was man denn unter einem masselosen Teilchen verstehe, das um sich selbst rotiere, ob nicht vielmehr der Raum um dieses Teilchen, um diesen Punkt herumwirble und wir und die Welt vielleicht mit, wie auf einem wahnwitzigen Karussell um eigentlich nichts, eine Idee, die Thelen besonders ausschmückt, ob es sich etwa um ein bloßes Gedankending handle, ob sich am Ende CERN nicht vielleicht mehr als eine metaphysische, ja theologische denn als eine physikalische Versuchsanstalt herausstellen könnte, Fragen, die nicht fair waren; als ob man einen Theologen frage, der eben Gott entmythologisiert hat, was denn Gott in Wirklichkeit sei, ein Prinzip, eine

Weltformel oder was denn eigentlich nun, ohne zu begreifen, daß diese Frage untheologisch ist, ja daß gerade
moderne Theologie nur noch unter der Bedingung möglich ist, daß solche Kinderfragen nicht mehr gestellt
werden. So lächelt der Physiker denn auch nachsichtig:
Niemand sei sich klar darüber und könne sich klar darüber sein, was denn eigentlich, außerhalb der physikalischen Fragestellung, ›in Wirklichkeit‹ diese Teilchen
seien, die man da erforsche, erforschen wolle oder zu
erforschen hoffe – oder zu erfinden, weil es für den
Physiker gar kein ›außerhalb‹ geben könne, diese falle
vielmehr in das Gebiet der philosophischen Spekulation
und sei für die Physik irrelevant. Gleichgültig. Hauptsache, daß man forsche, überhaupt neugierig bleibe. So
unwahrscheinlich und paradox das Ganze auch sei, fährt
der Physiker schließlich fort, es stelle bis jetzt das weitaus
Sinnvollste dar, was Europa hervorgebracht habe, weil es
das scheinbar Sinnloseste sei, im Spekulativen, Abenteu-
erlichen angesiedelt, in der Neugierde an sich. Thelen,
sein Freund und ich entfernen uns beinahe stolz durch
leerstehende Büros, auf den Tischen immer wieder
Comics. Im übrigen, wird uns beiden, das Gespräch
abschließend, vom Physiker klargemacht, und es ist ein
kleiner Dämpfer auf unsere laienhafte, zukunftsbejahen-
de Begeisterung, sei die Anlage nicht für Genies geschaf-
fen worden, sondern für anständige Durchschnittsphysi-
ker, Genies könnten Versuchsanordnungen verlangen,
die einfach zu kostspielig wären, oder gar herausfinden,
daß CERN überhaupt überflüssig sei.

R. A. F.

1977

Die Begründung ihres Handelns liege darin, daß sie sich mit der Bundesrepublik in einem Kriege befände, den die Brutalität des kapitalistischen Systems der Roten Armee Fraktion aufgezwungen habe. Schleyer wird als Kriegsgefangener bezeichnet: Die Frage ist, ob sich die Bundesrepublik mit ihr nun auch im Kriege zu betrachten habe; befinden sich doch die westlichen Industrienationen in einem Zustand, in welchem die Strukturänderungen, die sie vollziehen müssen, nur noch politisch zu bewältigen sind. Sogar den kommunistischen Parteien beginnt es langsam einzuleuchten; der politische Schiffbruch, den die Länder erlitten, wo jene an der Macht sind, ist offensichtlich; die Brutalität ihrer Systeme übertrifft immerhin sogar noch die unsrige. Die Aufgabe, mit der wir konfrontiert sind, die Demokratie und den Sozialismus zu verwirklichen, die Freiheit mit der Gerechtigkeit zu versöhnen, verlangt, bei sich noch häufenden Schwierigkeiten, große Geduld und ein peinliches Beachten der politischen Spielregeln; daß diese von den regierenden Parteien und von jenen der Opposition nicht immer beachtet werden, ist bedauernswert, doch kann es am wenigsten von denen ins Feld geführt werden, die nun mit Waffen ins Feld ziehen (mit zum Teil schweizerischen übrigens), verstoßen sie ja nicht nur gegen die politischen Regeln, sie verlassen auch die Gesetze. Sie schießen sich ins Vogelfreie und, nistend im Dschungel der Städte, stellen sie jenseits der Gesetze ihr Gesetz auf, jenes des Krieges. Dieses legalisiert den Mord, und so morden sie. Hier wird der Fall grundsätzlich: läßt sich der Krieg einer kleinen Bande gegen einen Staat noch begründen, der – welche Einschränkungen wir auch machen – schließlich eine Demokratie und ein Rechtsstaat ist mit bedeutenden Kräften, die auf seine Verbesserung hinarbeiten? Sicher nicht von seiten der Rationalität oder einer Ideologie her, sei sie nun klassisch oder modern marxistisch. Hinter der R. A. F., wie sie sich nennt, lauert etwas Irreales, Chaotisches, Unausgesprochenes. Für die Rechte sind diese Terroristen Linke, die gewaltsam die Weltrevolution einleiten wollen, für die Linke Faschisten, die unter der Maske der Linken die Bevölkerung gegen die Linke aufhetzen. Die Versuchung ist groß, die Verzweiflung als Grund anzugeben, eine Vermutung, auf die vor allem Intellektuelle hereinfallen: Sind doch gerade diese aus dem alten Minderwertigkeitsgefühl heraus, nur zu denken und nicht zu handeln – als ob Denken nicht mehr als Handeln wäre – dem Phänomen der Terroristen oft nicht gewachsen. Aber die Verzweiflung handelt spontan: Was hier geleistet wird, ist Generalstabsarbeit, minutiöse Vorarbeit. Der Verdacht steigt auf, daß hier nicht der Grund das Mittel, sondern das Mittel den Grund, die Ideologie nicht den Krieg, sondern der Krieg die Ideologie suche. Die Begründung der Gewalt, der Erpressung, des Mords ist das Nebensächliche, ja das eigentlich Sekundäre, der Machtrausch ist das Primäre: hauste er vorerst im Unbewußten, erfand er die wirren Begründungen seiner selbst erst nachträglich, um sich in Freiheit zu setzen als Wille zur Gewalt. Es ist eine Jugend, die, jenseits aller Ideologie, den Krieg will, die, um ihn zu erklären, den Frieden verteufelt, weil sie den Frieden nicht mehr aushält, als ob das Schlimmste, der Krieg, die Lösung all des Schlimmen wäre, das der Friede mit sich bringt. Ihre Sprache verrät sie: Sie reden nicht von Menschen, sie reden von Schweinen; fällt es doch leichter, Schweine abzuschlachten als Menschen. So erscheint ihnen der Krieg als das Abenteuer, an dem endlich nicht nur Männer, sondern auch Pfarrerstöchter teilnehmen dürfen. Der Irrtum der sogenannten Sympathisanten besteht darin, daß sie das für den Machtrausch und für die Mordlust Nebensächliche, Nachträgliche für das Hauptsächliche halten, daß sie immer noch nicht dahintergekommen sind, daß sich die Ideologien der Machtbesessenen auswechseln lassen, weil sie stets das Sekundäre sind, daß es dem Schlächter nicht auf die Farbe des Hemdes ankommt, sondern auf die Schärfe des Messers. Hoffen wir, ihr Irrtum bestehe darin, ist doch die hintergründige Gefahr nicht zu leugnen, die da droht, daß nämlich auch sie vom Abenteuer eines Krieges, und sei er noch so unsinnig, zu träumen beginnen und nun die bewundern, die so zu handeln wagen, wie sie insgeheim handeln wollten und es nicht oder vielleicht noch nicht wagen. Ist aber die R. A. F. eine psychologische Angelegenheit als Flucht einer Kameraderie samt der Nestwärme, die sie bietet, in einen Machtrausch, für den ein Menschenleben nicht zählt – es sei denn, es diene zur Erpressung –, so ist sie vom Staat nicht politisch zu nehmen, sondern kriminell. Gerade darum – wie grausam, es zu schreiben – muß Schleyer geopfert werden. Würde Schleyer ausgetauscht, würde der Staat noch wehrloser. Denn was dann geplant würde, ist leicht vorauszusehen: Verschanzt in Bunkern wäre die Regierung in Sicherheit, aber die Bevölkerung selbst würde dann das Ziel. Wird Schleyer ausgetauscht, muß in Zukunft jeder gegen jeden Verbrecher ausgetauscht werden, vor dem Gesetz sind alle gleich. Der Staat wurde durch die R. A. F. beim Wort genommen, nun nehme er sie beim Wort: Er behandle sie als die Verbrecherorganisation, die sie ist, und die gefangenen Terroristen als Verbrecher, die Vorteile, die man ihnen gewährte aus Furcht, nicht als Rechtsstaat zu gelten, sind aufzuheben. Werden doch nur so, indem man ihre Tat ernst nimmt und nicht ihre Ausrede, aus den Terroristen Menschen, mit denen man Mitleid haben kann, statt Bestien, vor denen man zittert, weil sie an eine Menschlichkeit appellieren, aus der sie sich eliminiert haben: Darf Schleyer etwa Besuche empfangen? Doch vor allem: Ist die R. A. F. keine politische, sondern eine kriminelle Angelegenheit, so haben die Parteien keinen Gewinn daraus zu schlagen, um nicht doch noch ein Politikum daraus zu machen, denn, wird dieser Fall parteipolitisch ausgeschlachtet, spielt man den Terroristen unfreiwillig eine Berechtigung zu. Groteskerweise. Die Politik, die sich um das würdigste Zusammenleben der Menschen kümmern sollte, erwiese sich dann als ein Nachahmen der terroristischen Methode mit nobleren Mitteln: Als Machtkampf um des Machtrausches willen, der freilich nicht Blut, sondern politische Pfründe zum Ziele hätte. Die R. A. F. geht alle Parteien an, seien sie rechts, in der Mitte oder links angesiedelt, nicht als Anklage gegeneinander, sondern als Mahnung, daß hier im Grausigen ihre Politik parodiert werden könnte, diente sie einer Partei als Mittel, gegen eine andere vorzugehen. Die Demokratie hätte eine Schlacht mehr verloren.

Über Hochschulen

1977

Meine Damen und Herren,
Sie kennen sicher den berühmten Anfang einer Rede
Mark Twains: Alexander ist tot, Cäsar ist tot, Napoleon
ist tot, und ich fühle mich auch nicht ganz wohl. Nun,
auch ich fühle mich nicht ganz wohl, denn Sadat hat
gesprochen, Begin hat gesprochen, Peres hat gesprochen,
und jetzt muß ich auch sprechen; dazu noch über das
Thema, wie ich zu meinem Entsetzen gelesen habe, ›Die
Hebräische Universität – ihre Aufgaben und Möglichkeiten im kulturellen Bereich‹, über ein Thema nämlich,
zu dem mir absolut nichts einfällt, was wiederum allerdings keinen Grund abgibt, nicht darüber zu sprechen;
braucht doch eine Rede durchaus nicht immer der Ausdruck eines Wissens zu sein, sondern ist sie doch in den
meisten Fällen, ja fast in jedem Fall, vor allem im Politischen, der Ausdruck eines Nichtwissens: Der redet am
besten, der besser schweigen sollte. Und so bin ich denn,
indem ich noch nichts gesagt habe, sondern einfach
sprach, schon mitten in eine Rede geschlittert, von der
ich weder weiß, was sie bedeuten soll, noch wie sie zu
beenden ist – noch dazu in Basel, auf dessen monumenta-
ler Theaterbühne mich neulich ein genialischer Dummkopf auf eine freilich nicht so unamüsante Weise, fern jeder
intellektuellen Bemühung, zu meiner Belustigung und
zum Schrecken des Publikums umdichtete, verhunzte –,

so geht es mir denn in dieser Rede wie einem ungeübten Schlittschuhläufer, der auf die Eisfläche eines Weihers saust, gänzlich ohne Ahnung, auf welche Weise er seinen Lauf einzuhalten vermöchte, um so verhängnisvoller, als ihm, da sich kein Ufer zeigen will, der Verdacht kommt, er gleite nicht über einen Weiher, sondern über den zugefrorenen Bodensee. Doch in dieser kritischen Situation überfällt mich die Erkenntnis, daß gerade das Glatteis, auf das ich mich verführen ließ, jenen kulturellen Bereich darstellt, über den ich zu reden habe, handelt es sich doch bei diesem um etwas Eingefrorenes: Die Literatur, die Malerei, die Musik, aber auch die Philosophie, oder was wir sonst als den kulturellen Bereich der Universität betrachten, sind in ihr in der Kühltruhe der Geschichtlichkeit zu finden als Präparate, die nur in den Kühlräumen der Vorlesungen und der Seminare studiert werden können; kommen sie an die lebendige Luft, tauen sie auf und verwesen, läßt sich doch nur Literaturgeschichte, Kunstgeschichte, Musikgeschichte, Philosophiegeschichte lehren, aber nicht, wie man philosophiert, komponiert, malt, schreibt, ja nicht einmal immer, wie man liest. Zugegeben, ich habe der Universität gegenüber meine Vorurteile, insofern sie sich als Trägerin eben jener Geisteswissenschaften sieht, die ihren offiziellen kulturellen Bereich ausmachen und über die ich nichts zu sagen habe, außer daß ich diese, wenn auch nicht für überflüssig, so doch nicht für unbedingt notwendig halte; werden sie ja in der Regel fast nie so gelehrt, daß man dabei Denken lernt; denn daß sich die Geisteswissenschaften um diese Aufgabe so gerne drükken und sich in Schulmeinungen und Ideologien flüchten, macht den nicht unbedenklichen Vorsprung aus, welchen die exakten Naturwissenschaften über jene gewonnen haben; infolge dessen es oft scheint, wesentliches Denken spiele sich heute nur noch bei diesen ab. Der Verdacht ist nicht unbegründet, meine Verlegenheit, über den kulturellen Bereich einer Universität zu sprechen, nicht unberechtigt, ist doch die Kultur nicht irgendwo angesiedelt, wie der Begriff eines Bereichs es unterstellt, in der guten Stube, in einer Dachkammer oder gar im Keller; sie ist der Bereich der ganzen Universität; diese besitzt keinen anderen, sollte sie doch nicht der Ort sein, wo Wissen gehortet, sondern der Ort, wo Wissen begriffen wird; Wissen aber, das begriffen wird, läßt sich auch erweitern, und indem es sich erweitert, stellt es dem Begreifen wieder neue Aufgaben. Jedes Wissen aber, das begriffen wird, stellt eine Schöpfung dar dessen, der da begreift und, bei aller Hochachtung der Traditionen, der Überlieferungen, der Konventionen, insofern primäre Kultur im Gegensatz zur sekundären nicht ein Besitz ist – und sei er auch ein solcher nur im Wissen, wie man vielleicht etwas machen könnte, ein Gedicht etwa, eine Sonate, ein Bild, eine philosophische Überlegung usw., und welches man nur nicht macht, weil man es nicht zu machen vermag; ein Wissen also, das ich nicht *gering*schätze, aber als etwas Nachträgliches auch nicht *über*schätze –, sondern, insofern Primärkultur vorerst etwas anderes ist, nicht ein Besitz, vielmehr ein Besitzergreifen, nicht ein Wissen, aber ein Wagen, nicht ein Nachträgliches, hingegen ein Vorangehendes, ein Begreifen durch das Machen eines Gedichtes, einer Sonate, eines Bildes, einer philosophischen Überlegung usw., ohne die Sicherheit des Gelingens, ja ohne vorheriges Wissen des Resultats; ist es so, dann wäre nicht im

Wissen, sondern in der Methode des Begreifens eine Universität, die Begreifen lehrt, in die Kultur integriert, wie ich sie begreife, sei sie nun künstlerisch oder wissenschaftlich irgendwelcher Art, ja sogar geisteswissenschaftlich, in eine Kultur des Experiments, der Überprüfung des Wissens, der Kritik, der Denkmodelle, der Antiideologien, der fiktiven Netze, ausgeworfen, Vermutetes und Unvermutetes zu fangen, verbunden mit dem Instinkt freilich für die ganze Fragwürdigkeit einer auch so begriffenen Kultur, denn was immer für den Menschen eine Chance ist, vermag sein Unglück zu werden, nichts sichert die Menschheit ab. Gewiß, eine Universität unter diesen Voraussetzungen liegt nicht durchaus im Interesse unserer Leistungsgesellschaft, Wissen läßt sich büffeln, Begreifen braucht Zeit, und wer der Jugend Zeit stiehlt, läßt sie nicht reifen, fleißig kann jeder sein, aber zur Produktivität braucht es eine gewisse Faulheit, ohne die sich die Gelehrten nicht zu sammeln vermögen, sie kommen allzu schnell als Frühgeburten zur Welt. Was ich den fünf Jahren verdanke, die ich auf der Universität verbrachte, ist jener Schlendrian, der mich zum Schriftsteller machte, indem ich Muße hatte, Bücher wirklich zu lesen und mich bisweilen über sie zu ärgern, statt sie besprochen zu hören. Auch setzt jedes Begreifenwollen und Begreifensuchen jene Neugierde voraus, die auch vor dem Politischen nicht haltmacht, will man doch die Welt nicht stückweise begreifen, sondern als Ganzes. Eine entpolitisierte Universität ist ein Unding. Doch sollte sich gerade ihre Politik durch ein Durchdenken der Politik auszeichnen und nicht durch Hereinfallen ins Dogmatisch-Kultische, denn wer den Kopf brauchen will, darf ihn nicht verlieren. Das gilt nicht nur für die Hebräische Universität in Jerusalem, das gilt für jede Universität, vor allem aber für den Staat Israel: ist er doch nicht nur eine geschichtliche Notwendigkeit, und somit wie alles geschichtlich Notwendige der Willkür der Geschichte unterworfen. Er ist vor allem ein Experiment: Das ist das eminent Moderne an ihm, und nur indem er sich als etwas Neues begreift, das unerwartete, vielleicht noch nie begangene Wege einschlägt, vermag dieser Staat – und gerade heute wagen wir zu hoffen – sich auch einer ihm bis jetzt nicht ohne Grund feindlichen Umwelt verständlich zu machen, indem diese begreift, daß Israel nicht nur für sich und durch seine Geschichte, sondern auch für sie, für die Araber und für ihre Geschichte und besonders für die Palästinenser, damit sie eine Geschichte bekommen, notwendig ist als ein Faktor, der nicht nur aus der internationalen Politik, sondern auch aus der Kultur der Menschheit nicht mehr wegzudenken ist als ein Hauptträger der Aufklärung; liegt doch das Paradoxe des jüdischen Volkes darin, daß es, bevor es sich wieder einen Staat schuf, entschiedener als andere Völker – und zu deren Ärger – nicht eine nationale, sondern eine internationale Kultur begründen half: die Kultur des wissenschaftlichen Zeitalters. Meine Damen und Herren, das Ufer ist erreicht, es ist mir auf den Schlittschuhen meiner Beredsamkeit gelungen, in Basel nicht nur den Bodensee zu überqueren, der – wie ich nachträglich bemerke – gar nicht zugefroren war, sondern auch das Mittelmeer, das nie zufriert.

55 Sätze über
Kunst und Wirklichkeit

1977

1

Jedes Kunstwerk stellt einen Aspekt der Wirklichkeit dar.

2

Die Wirklichkeit ist das Objektive, das Darstellen und der Aspekt sind das Subjektive.

3

Jedes Kunstwerk stellt auf eine subjektive Weise einen subjektiven Aspekt der Wirklichkeit dar.

4

Könnte ein Kunstwerk die Wirklichkeit abbilden, wäre es objektiv (als etwas Passives), weil ein Kunstwerk die Wirklichkeit nur darstellen kann, ist es subjektiv (als etwas Aktives).

5

Jedes Kunstwerk ist subjektiv.

6

Die Wirklichkeit, die ein Kunstwerk darstellt, ist eine ›subjektive Wirklichkeit‹.

7
Jede ›subjektive Wirklichkeit‹ ist in der Wirklichkeit
enthalten.

8
Es ist unmöglich, daß ein Kunstwerk aus der Wirklichkeit fällt.

9
Die Aufgabe der Gesellschaft ist es, ihre Wirklichkeit im
Kunstwerk zu entdecken.

10
Die Wirklichkeit der Gesellschaft ist die politische Struktur, in der sie lebt.

11
Jede politische Struktur läßt sich von zwei Seiten aus
darstellen: von jener der Mächtigen und von jener der
Ohnmächtigen aus.

12
Die Furcht vor dem Kunstwerk ist bei den Mächtigen
eine doppelte: daß die Ohnmächtigen entweder in ihm
ihre Beherrscher oder in ihm sich selber als Beherrschte
entdecken.

13
Jedes Kunstwerk kann politisch wirksam werden: Es
kann sich in ein politisches Gleichnis verwandeln.

14

Im Erleben eines Kunstwerks als politisches Gleichnis wird jenes für den, der es erlebt, mit der politischen Wirklichkeit gleichgesetzt.

15

Ob und wie ein Kunstwerk politisch wirksam wird, hängt von der Gesellschaft ab.

16

Ob und wie ein Kunstwerk politisch wirksam wird, ist nicht vorauszubestimmen.

17

Je unabsichtlicher ein Kunstwerk politisch wirksam wird, desto stärker wirkt es politisch.

18

Absichtlich politische Kunst wird am leichtesten politisch wirkungslos.

19

Ein Schrei ist kein Gedicht.

20

Jedes Kunstwerk braucht zu seinem Inhalt Distanz.

21

Ist sein Inhalt Empörung, ist seine Distanz Versöhnung.

22

Ist sein Inhalt Versöhnung, ist seine Distanz Empörung.

23
Ist sein Inhalt Trauer, ist seine Distanz Trost.

24
Ist sein Inhalt Trost, ist seine Distanz Trauer.

25
Ist sein Inhalt eine Tragödie, ist seine Distanz die Komödie.

26
Ist sein Inhalt eine Komödie, ist seine Distanz die Tragödie.

27
Ist sein Inhalt Verzweiflung, ist seine Distanz Glück.

28
Die Verzweiflung kennt keine Distanz.

29
Es gibt kein verzweifeltes Kunstwerk.

30
Distanz wird durch den Humor möglich.

31
Der Humor ist die Maske der Weisheit.

32
Maskenlos ist die Weisheit unerbittlich.

33
Der Humor macht das Unerbittliche erträglich.

34
Das unerbittlich Unerträgliche ist nicht weise.

35
Für die Kunst gibt es nur Menschen.

36
Für die Politik gibt es nur die Menschheit.

37
Nur Menschen können glücklich sein.

38
Die Menschheit kann sowenig wie eine Zahl oder eine Gerade glücklich sein.

39
Das Ziel der Politik vermag nur etwas Selbstverständliches, nie das Glück zu sein.

40
Wer in der Politik das Glück sucht, will herrschen.

41
Für den Zustand der Menschheit, wie er selbstverständlich sein sollte, ist eine Wissenschaft denkbar.

42
Eine Ideologie ist keine Wissenschaft.

43
Das Selbstverständliche ist die denkbar vernünftigste
Struktur, in welcher die Menschen zusammen leben
sollten.

44
Es sind zwei Strukturen wissenschaftlich denkbar: eine,
die durch Naturgesetze, und eine andere, die durch
Regeln bestimmt wird.

45
Welche der beiden Strukturen die Menschen wählen
werden, hängt vom Grade ihrer Rationalität ab. Je irra-
tionaler der Mensch ist, desto mehr neigt er einer natur-
gesetzlichen Struktur zu.

46
Die Menschen neigen dazu, eine naturgesetzliche Struktur anzunehmen.

47
Die Katastrophen werden immer größer, die Verbrechen
immer schrecklicher und die Gesetze immer drakoni-
scher.

48
Bei keinem der beiden Systeme ist das Glück des Menschen garantiert.

49
Wer Ideologien zerstört, zerstört Rechtfertigungen von
Gewalt.

50

Gewalt widerlegt nicht Gewalt, sie ersetzt im besten Falle eine Gewalt durch eine andere.

51

Die Politik erlaubt fragwürdige Prognosen.

52

Optimismus und Pessimismus sind fragwürdige Prognosen.

53

Ein Kunstwerk kennt keine fragwürdigen Prognosen.

54

Wo der Mensch mit der Menschheit eins wird: in der einzigen sicheren Prognose: im Tod.

55

Jedes Kunstwerk ist apokalyptisch.

Rede zur Verleihung des Literaturpreises der Stadt Bern

1979

Wenn man schon die Feste feiern muß, wie sie fallen, so wohl auch die Preise; in meinem Fall diesen: den Literaturpreis der Stadt Bern. Doch werde ich ihn zur Enttäuschung einiger nicht aufteilen und verschenken, wie ich das vor Jahren mit dem Literaturpreis des Kantons Bern getan habe, obgleich ihn eigentlich beinahe der verdient hätte, der mir heute schrieb: »Lieber Fritz Dürrenmatt, warum kriege ich keinen Preis dafür, daß ich nicht schreibe?« Das Ei des Kolumbus ist nicht wiederholbar. Den Literaturpreis der Stadt Bern behalte ich für meine Frau.

Die Schriftsteller werden heute in einer Art und Weise gefördert, wie ich es mir vor dreiunddreißig Jahren, als ich Schriftsteller wurde, nicht vorstellen konnte. Ich hüte mich, da noch einmal privat fördernd einzugreifen. Was ich vor zehn Jahren machte, war eine Absetzbewegung; ich hatte versucht, mit einem Theater zusammen zu arbeiten, und es war schiefgegangen – später sollte es noch einmal schiefgehen; und wenn – wie ich in der ›Berner Zeitung‹ lese – die Präsidialabteilung der Stadt Bern der Meinung ist, es sei in der letzten Zeit still um mich geworden, so kann ich nur sagen: hoffentlich. Wer nicht beizeiten dafür sorgt, daß er aus dem Kulturgerede kommt, kommt nicht mehr zum Arbeiten, und damit nicht mehr zu sich selber; und dahin zu kommen, statt zu irgendeiner literarischen Mode, sollte doch eigentlich das Ziel jedes Bemühens sein. Nur wer zu sich selber gekommen ist, vermag das ihm Auferlegte zu unternehmen: die Welt zu bewältigen, ihr durch sich selber einen Sinn zu geben.

Nun bin ich mir bewußt, daß mich viele unserer heutigen Literaturpäpste für einen Schriftsteller halten, der weit weg vom Schaufenster der Moderne in den hinteren Regalen der Literatur verstaubt, ja, einige reihen mich sogar bei den Klassikern ein, bei jenen also, um die man sich ohnehin nicht mehr zu kümmern braucht; und ein literarischer Laienbruder meinte jüngst, die Veränderung der Gesellschaft sei mir gleichgültig, ich hätte öffentlich erklärt, ich sei ein Anti-Hegelianer. Da muß ich schon sagen: Donnerwetter! Neulich, als ich eine Radio- und Televisionszeitung zur Hand nahm, sah ich einen Artikel über den »Alten vom Berge« angekündigt. Da ich mich mit arabischer Geschichte beschäftigt hatte, war ich neugierig, was denn die Zeitung über den berüchtigten Scheich ul Dschebal, den Alten vom Berge eben, zu berichten wußte, über den Führer der ersten Terrororganisation, die wir kennen, die der Assassinen, einer schiitischen Sekte – von der das französische Wort für Mörder, »assassin«, stammt –, deren geheimnisvoller Boß auf dem Berg Alamut residierte. Ich wurde enttäuscht: mit dem »Alten vom Berge« meinte die Zeitung mich.

Ich gebe zu, ich bin insofern unseren Literaturpäpsten gegenüber im Vorteil, daß sie zwar sagen müssen, was sie von mir denken, aber ich nicht zu sagen brauche, was ich von ihnen halte. Ich gebe im weiteren zu, daß ich mich nicht im geringsten verpflichtet fühle, mich mit ihnen auseinanderzusetzen; und endlich gebe ich zu, daß ich zwar Freunde habe, aber keine Genossen. Was nun die Veränderungen betrifft, in deren Sog wir alle geraten sind, so bin ich weit entfernt davon, sie zu leugnen. Im Gegenteil, ich würde nicht schreiben, wenn es sie nicht gäbe. Was ich jedoch bestreite, ist die fixe Idee, es gebe eine bürgerliche und eine progressive, eine nichtengagierte und eine engagierte, eine unverbindliche und eine verbindliche oder gar eine weltbremsende und eine weltverändernde Schriftstellerei. Um Gotteswillen. Ich gebe noch gerade zu, daß es eine gute und eine schlechte Schriftstellerei gibt, ohne Sicherheit, ob mein Urteil darüber immer stimme – wenn ich an die Böcke denke, die allein Goethe schoß; nun, der zielte wenigstens noch; Laienbrüder nehmen die Maschinenpistole, da brauchen sie weder zu zielen noch zu denken, sie schießen ins Ungefähre, ihre Opfer wählt der Zufall aus, mit anderen Worten: die Mode.

Meine Damen und Herren, ich scheine in einen Widerspruch geraten zu sein. Die Welt verändert sich, aber sie verändert sich nicht von selber. Es ist der Mensch, der sie verändert, und somit muß es auch der Schriftsteller sein, der sie mitverändert, folglich muß es doch eine progressive, engagierte, verbindliche, verändernde Schriftstellerei geben. Dem ist schwerlich zu widersprechen. Was ich bestreite, ist allein, daß wir, die wir schon nicht mit Sicherheit zu entscheiden vermögen, was gute und was schlechte Literatur ist, imstande seien, ein Urteil darüber zu fällen, welche Literatur von unseren Literaturen einmal weiterwirken wird, vielleicht zuerst diese, später jene, noch später wieder diese, vielleicht keine. Jede Wirkung ist nachträglich. Jedes Denken wirkt erst, wenn es vorerst unbeabsichtigt und scheinbar unverbindlich ist, allein mit sich beschäftigt. Wie die Sonnenwärme zehn Millionen Jahre braucht, um vom Sonnenmittelpunkt, wo sie entsteht, nach außen zu dringen, um von dort, die gigantischen Wirbel, die hunderttausende von Kilometern hinauflodernden und niederprasselnden Protuberanzen der Sonnenoberfläche bewirkend, in Minuten die Erde zu erreichen, so hat die Veränderung der menschlichen Gesellschaft ihren Ursprung in uralten Denkvorgängen, in Gedanken, die von Generationen zu Generationen weitergegeben, modifiziert, fallengelassen, vergessen, wieder aufgenommen und weiterentwickelt werden, in Denkprozessen, die nachträglich wirksam wurden und noch werden. Wie das Sonneninnere lichtlos ist, ist das Innere, der Kernprozeß – um diesen Ausdruck zu gebrauchen – des menschlichen Denkens und Gestaltens absichtslos. Nicht der, der die Welt verändern will, verändert sie mit der Zeit, sondern der, der sie interpretiert. Ja, niemand veränderte sie vielleicht mehr als die Mathematiker, niemand ist denn auch weniger in unser Bewußtsein gedrungen als sie, und nichts ist darum müßiger, als an das Denken und an das Gestalten politische Maßstäbe legen zu wollen.

Die geistige Dimension des Menschen hat nichts mit Politik zu tun, sondern allein mit der Urentdeckung des Menschen, die ihn vielleicht erst zum Menschen machte, mit der Erkenntnis, daß es für ihn nur eine Wahrheit gibt: den Tod. Um so schlimmer, wenn die Politik sich anmaßt, sich auch in diese Dimension einzumischen. Die politische Domäne liegt nicht im Menschheitsinnern, sondern an der Menschheitsoberfläche. Mit deren Wirbeln und Protuberanzen hat es die Politik zu tun, wobei sich die Politik nach dem Menschen, und nicht der Mensch sich nach der Politik zu richten hat. Dieser ist weit mehr ein irrationales denn ein rationales Wesen. Er ist nicht so sehr das Produkt einer Klasse, eines Milieus oder einer Zivilisation, all dieses hat ihn kaum angekratzt – auch das Christentum ist an ihm gleichsam spurlos vorübergegangen, weiß Gott, sonst sähe das Abendland anders aus –, der Mensch ist das Endresultat einer zwei Millionen Jahre langen Entwicklung, die alle seine Gegensätze und Widersprüche gleichermaßen ausbildete; der einstige Raubaffe ist zur gefährlichsten Bestie geworden, die tausend Millionen Jahre Leben auf unserem Planeten hervorbrachten. Politik wird darum immer notwendiger. Sie ist der Versuch, den Menschen zu entschärfen, wenn auch mit *fast* untauglichen Mitteln, gibt es doch kein politisches System, auch nicht das unmenschlichste, das nicht in der Natur des Menschen verankert wäre; um so notwendiger, das vernünftigste System zu finden und sich dafür einzusetzen.

Der Gegensatz zur Freiheit ist die Diktatur, der Gegensatz zum Kapitalismus ist der Sozialismus. Versuchen wir, den Staat um die Achse des Sozialismus zu errichten, wird er zum sowjetischen System, errichten wir ihn um die Achse des Kapitalismus, droht er dem Faschismus zu verfallen; beide Gebilde pendeln sich endlich um die Achse der Diktatur ein. Allein ein Staat um die Achse der Freiheit errichtet, ist menschenwürdig, doch stellt er einen schwierigen Balanceakt dar: In ihm muß nicht nur der Sozialismus den Kapitalismus kontrollieren, und der Kapitalismus den Sozialismus korrigieren; um es provokativ auszudrücken: der Politiker, der sich dieses Koordinatensystems bedient, muß sich auch noch bewußt sein, daß es eine dritte Koordinatenachse gibt: Der Mensch kommt nicht mehr ohne Feind aus, allein deshalb, weil er im Verlauf seiner vorgeschichtlichen und geschichtlichen Zeit stets Feinde hatte, er brauchte einst die Geborgenheit bei seinesgleichen, bei seinem Stamm, seinem Staat usw., und braucht sie noch. Doch seit jeher ist die Politik der Versuchung erlegen, ihre Aufgabe, die auf die sachlichen Notwendigkeiten beschränkt sein sollte, welche das Zusammenlebenmüssen der Menschen mit sich bringt, dadurch zu verfälschen, indem sie Feindbilder errichtet, denn nichts eint die Menschen mehr als die Furcht, und nichts entzweit sie mehr als der Friede: Dem Kriege ist der Mensch eher gewachsen als dem Frieden. Die sachlichen Notwendigkeiten jedoch, vor denen die Politik steht, sind von ihr nur zu bewältigen, wenn sie die Notwendigkeiten einsieht.

Jedem Einsehen geht ein Denkakt voraus, der den gleichen evolutionären Gesetzen unterworfen ist wie jedes Denken. Ohne Einsicht handelt die Politik blind. Wenn wir einsehen, daß die Atomkraftwerke nicht notwendig sind, müssen wir unter anderem auch einsehen, daß die Zukunft der Bahn gehört und nicht dem Auto, sonst ist unser Protest gegen die Atomkraftwerke irrational. Wenn wir einsehen, daß der Staat seiner Natur nach eine Bürokratie braucht, so müssen wir einsehen, daß es dann auf die Notwendigkeit ankommt, die Bürokratie zu demokratisieren, statt zu klerikalisieren. Wenn wir die Notwendigkeit einsehen, als Volk zu überleben, so müssen wir auch einsehen, daß unsere Armee *in ihrer heutigen Form* fragwürdig ist, weil sie, indem sie abschrecken will, Gefahr läuft, ein unermeßliches Blutbad anzurichten, falls sie wider Erwarten und wider unsere Logik *nicht* abschreckt – müssen wir doch der Geschichte jeden Wahnsinn zutrauen usw. usw.

Meine Damen und Herren, wer einen Preis entgegennimmt, muß sich stellen. Die Stadt Bern hat ein Anrecht zu wissen, wem sie den Preis erteilt. Nicht einem Rechten oder Linken, sondern einem Queren. Einem, der die Politik durchdenkt, um Wichtigeres zu denken, einem, der sich für die Politik einsetzt, um sich ihr nicht auszusetzen, einem, der die Politik behaftet, um von ihr nicht verhaftet zu werden. Andere werden nach mir den Literaturpreis erhalten. Ihnen möchte ich zurufen: Jede Macht sucht sich zu rechtfertigen, der Rechtfertigungstrieb des Menschen ist ebenso mächtig wie sein Machttrieb. Die Bestimmung eines Schriftstellers liegt nicht darin, die Schminke einer Macht abzugeben, irgend jemandes Ausrede zu sein. Sie wissen nun, wie ich denke.

Nun ist es Ihr Recht zu wissen, warum ich den Literaturpreis der Stadt Bern annehme. Es gibt verschiedene Preise: Ehrenpreise, Aufmunterungspreise, Beförderungspreise, Besänftigungspreise, Abschreckungspreise, gesellschaftliche Preise. Ich will nicht untersuchen, welchen Preis ich von der Stadt Bern bekommen habe. Ich bin in Konolfingen geboren, einem Dorfe des Kantons Bern, als 14jähriger kam ich nach Bern, das Winter- und Sommersemester 43/44 überlebte ich in Zürich, von 44–46 lebte ich wieder in Bern, 46 zogen meine Frau und ich nach Basel, von 49–51 lebten wir am Bieler See, und seit dem 1. März 52 leben wir in Neuenburg, seit 27 Jahren also. Ich bin damit der erste Neuenburger, der den Literaturpreis der Stadt Bern erhalten hat, dafür möchte ich denn auch im Namen der Stadt und des Kantons Neuenburg danken.

Dies ist ein Grund. Der zweite: Den Literaturpreis des Kantons Bern habe ich schon erhalten. Er stand mir als

Konolfinger auch zu, seien Sie einmal Konolfinger. Einen Preis der Stadt Basel oder der Stadt Zürich – die Städte meiner Pleiten – kann ich nicht erhalten, da ich weder Basler noch Zürcher bin und auch dort nicht wohne. Der Literaturpreis Neuenburgs ist unerschwinglich, nicht nur, weil es ihn nicht gibt, auch wenn es ihn gäbe – mein Französisch ist in einem allzu erbärmlichen Zustand. So blieb denn nur noch der Preis der Stadt Bern übrig für die zehn Jahre, die ich hier verlebte, und den letzten Preis, der einem zusteht, darf man nun wirklich annehmen und behalten.

Doch gibt es noch einen dritten Grund: Das Dorf, in dem ich aufwuchs, formte mich vor; ich brauchte mich nicht mit ihm auseinanderzusetzen, weil ich ein Teil vom Dorfe war. Ich war im Bilde, weil ich mir ein Bild machen konnte. Die Stadt Bern, in die ich dann kam, zerstörte dieses Bild. Mit ihr mußte ich mich auseinandersetzen, weil ich kein Teil von ihr war. Aber aus der Auseinandersetzung mit ihr entstanden die Motive, um die mein Denken seitdem kreist: das Labyrinth und die Rebellion: die Motive und Motivationen meines Denkens zugleich. So war denn Bern nur zu bewältigen, indem es mein Stoff wurde. Ich emigrierte nicht, als ich diese Stadt verließ, ich nahm Bern mit mir als den Stoff, aus dem sich eine Welt formen ließ, meine durch mich verwandelte Welt.

Und endlich gibt es einen vierten, letzten Grund: Der Literaturpreis der Stadt Bern, der mir heute verliehen wird, stellt ein Jubiläum dar: hatte doch die Stadt Bern mir schon einmal, im Jahre 1954, vor 25 Jahren also, einen Literaturpreis von 750 Franken verliehen. Ich wurde damals in den Keller des Erlacher Hofes gebeten, auch um halb sechs nachmittags, wie ich mich zu erinnern glaube. Ein neunköpfiger Gemeinderat und die Kulturkommission empfingen mich. Im weiteren fielen mir ein festlich gedeckter Tisch auf und links und rechts vom Eingang des Kellers je ein Tisch: auf dem einen türmten sich die Getränke, auf dem anderen die Zigarrenkisten. Der Stadtpräsident hielt eine kurze Ansprache, er bedaure, daß er nicht imstande sei, mir einen finanziell gewichtigeren Preis zu verleihen, aber das Parlament sei nun einmal so geizig, dafür hätte sich der Gemeinderat überlegt, was denn eigentlich in seiner Kompetenz liege, da hätte er herausgefunden, daß er das Recht habe, mich nach meinem Stande zu bewirten, und weil es heiße, der Geist sei das Wichtigste, sei der Gemeinderat den Statuten gemäß in der Lage, mich zu einem Nachtessen einzuladen, das er sonst nur den Staatsoberhäuptern anbieten dürfe. Meine Damen und Herren, es war nicht nur das beste, sondern auch das gewaltigste Abendmahl, das man mir darauf servierte, und um Mitternacht wurde vom ›Bellevue‹ eine immense Käseplatte herbeigeschafft, dazu die besten Havannas, eine mächtige Upmann ist mir noch in Erinnerung, trotzdem ich seit 71 Nichtraucher bin. Auch stellte sich gegen Morgen heraus, daß von den neun Gemeinderäten, die sich alle duzten, nur sieben solche waren: die zwei anderen waren der Hauswart und der Chauffeur. Kurz und gut, es war die schönste Preisübergabe, die ich je erlebt habe, und nicht einmal eine Rede mußte ich halten.

Verehrter Herr Gemeinderat, verehrte Literaturkommission, verehrte Steuerzahler, vier Gründe sind viele Gründe. Verzeihen Sie mir, daß meine Rede mehr politisch als literarisch ausgefallen ist, aber über Literatur rede ich nicht gern, ich bin leider beruflich verpflichtet, sie zu machen –, na ja, die Politik sollte sich eigentlich auch daran halten. Ich danke Ihnen.

Schweizerpsalm I

Da liegst Du nun, ein Land, lächerlich, mit
   zwei, drei Schritten zu durchmessen,
mitten in diesem unglückseligen Kontinent,

genagelt an sein faules Holz, beleckt von der
   Flamme seiner Taten.

Die Erde, die Dich trägt, versteint, Hügel auf
   Hügel getürmt,
zu einer Landschaft des Monds,
sich an der Ewigkeit brechend, deren Küste
   du bist.

O Schweiz! Don Quijote der Völker! Warum muß
   ich dich lieben!

Wie oft, in der Verzweiflung, ballte ich bleich
   die Faust gegen Dich
entstelltes Antlitz!

Wie ein Maulwurf hütest Du deine Schätze. Es
   vermodert, was Du liebst,
und nur, was Du gering achtest, bleibt.

Ich liebe Dich anders, als Du geliebt sein
  willst.
Ich bewundere Dich nicht. Ich lasse nicht ab
  von Dir,
ein Wolf, der sich in Dich verbiß.

Deine Sattheit mit Füßen stampfend, höhne ich
  Dich, wo Du schlecht bist. Deine Ahnen
lassen mich kalt, ich gähne, wenn ich von ihnen
  höre.

Nicht das liebe ich, was Du bist, nicht das,
  was Du warst,
Aber Deine Möglichkeit liebe ich, die Gnade,
  die immer hell über dir schwebt,
Das Abenteuer, heute Dir anzugehören, die
  Kühnheit,
jetzt, gerade jetzt, keine Furcht zu haben,
den heiligen Wahnsinn, Dich zu bejahen!

Denn mein Land bist Du nur, wenn Du ein Wunder
  bist,
ein Mann, der nicht einsinkt, wenn er über das
  Meer schreitet.
So dürste ich nach Deinem Glauben, mein Land.

Schweizerpsalm II

Was zum Teufel soll ich mit diesem Land anfangen?

Es breitet sich, zwei Schritte in die
    Länge und drei in die Breite
wie der Garten eines Fabrikanten zu meinen
    Füßen aus,
der in undurchsichtigen Geschäften
    verreist ist.

Vielleicht wird er in zwanzig oder fünfzig
    Jahren bankerott machen,
jammernde Familien zurücklassend und Historiker,
    die bestürzt nach Ursachen
forschen.

In den Vereinigten Staaten von Nordamerika
    kann man eine ganze Woche im Schnellzug sitzen,
bis man, um einen verwitterten Ausläufer
    der Rocky Mountains biegend,
den großen Ozean sieht.

In Rußland ist die Transsibirische Eisenbahn
ein so unermeßliches Unternehmen, daß
    ganze Züge
überhaupt nicht angekommen sind, Jahre

lang durch die Wüste Gobi
schnaubend.

Der Himmel ist wirklich sonst überall unendlich
    und die Erde
breitet sich überall ohne Grenzen aus.
Ins Meer tauchend erhebt sie sich wieder
    anderswo zu neuen Kontinenten.
Reisende haben mir das versichert.

Wenn man jedoch in diesem Land Eisenbahnzug
    fährt,
ist man in vier fünf Stunden von einer
    Grenze zur andern gekommen
und stochert sich im Speisewagen beim
    Anblick des Bodensees
die letzten Reste des Menüs aus den
    Zähnen,
das man in Genf begonnen hat.

Und dabei hätte man die Distanzen so furcht-
    bar nötig.

Oft, wenn ich zornig bin und ohne Hoffnung
    bin, sage ich:
Dieses Land ist ein Scheißland.

Es liegt vor mir sozusagen in den vier Rahmen
    meiner Fenster.
Ein Teller mit fetter Speise aus einem
    Hause, das einst gute
Zeiten sah, und heute noch bessere.

Vorgesetzt einem Hund, gespendet von einer
　　alten Dame,
die – davon spricht sie immer – achthundertfünfzig
　　Jahre ununterbrochen anständig
gelebt hat. Sie sei barmherzig und tierliebend
　　sagt die Nachbarschaft.

Dennoch mag ich aus diesem Teller nicht fressen.
　　Aber ich muß,
Auch ein Hund will leben. Die Zeit ist jetzt
　　schlimm.
Nur merken es noch wenige. –
Und die Berge liebe ich eigentlich auch nicht.

Wie wenn es irgendwie sinnvoll wäre, die Köpfe
　　und Gräte
in so hohe Höhen zu stecken, wo es immer schneit,
　　sogar noch im Hochsommer.

Und dann steht man da in Eis gepanzert, ohne
　　Leben und gemeingefährlich,
daß am Schluß nicht einmal die Gemsen mehr
　　an einem herumklettern.
Aber unsere Literaturhistoriker sind schließlich
　　auch so.

Sehr vieles ist so in diesem Land. Oft weiß
　　ich,
daß wir alle mit Mann und Maus untergegangen
　　sind.

Die Mädchen gehen in die Uhrenfabrik. Die Bordelle
  und die Jesuiten sind verboten.
Am meisten leben in unserem Lande die Toten.

Schweizerpsalm *III*

Einst dürstete ich nach deinem Glauben
   Mein Land
Nun dürste ich nach deiner Gerechtigkeit
   Wahrlich
Die Ärsche deiner Staatsanwälte und Richter
   Lasten so schwer auf ihr
Daß ich das Wort Freiheit kaum mehr ertragen kann
   Das du ständig im Maule führst
Deine Glaubhaftigkeit zu beweisen
   An die niemand mehr glaubt
Nur noch deine Bankgeheimnisse sind glaubhaft.

Was ist aus dir geworden, mein Land?

Wenn du morgens für die Neger in Biafra und
   anderswo Geld sammelst
Legst du dich, Bet- und Bettschwester zugleich,
   Abends mit deren Häuptlingen zwischen die Laken
Deine Waffengeschäfte abschliessend
   Damit jene, mit denen du schläfst,
Die abknallen, für die du gesammelt hast,
   Und wenn man deine Zuhälter faßt
Wissen sie von nichts.

Von den Steuerhinterziehern aller Länder unterhalten
  Schenkst du General Westmoreland Whisky ein
Mit ihm nächtlich auf die Rettung des Abendlandes
  anstossend.

Wehe denen, die anders denken als du
  Deine Lehrstühle
Hältst du von jedem Stäubchen Marxismus rein
  Dein Patriotismus ist so steril und keimfrei
Daß auf seinem Boden wirklich nichts mehr wächst
  Jede neue Idee ist für dich eine Seuche
So lebst du in ewiger Furcht vor Schnupfen und Masern
  Dabei hast du Krebs, du willst es nur nicht wissen,
Und die Psychiater kratzen sich verlegen hinter den
  Ohren
  Reden sie von dir, doch du läßt nicht mit dir reden
Wer dir seine Moral predigen will
  Den läßt du deine Moral spüren.

Nichts gegen deine Armee. Dieser wackere Verein
  Verdrosch einst Österreicher, Burgunder
  und Deutsche
Verdrosch die Unterdrückten fremder Unterdrücker
  Doch vor allem verdrosch er sich selber
Bis er von Napoleon gottseidank so gründlich verdro-
  schen wurde
  Daß er seitdem friedlich wurde
Unsere Grenzen mit seinen Waffen beschützend
  Wie er sich einbildet
Denn in Wahrheit wurden wir hauptsächlich
  Durch unsere Geschäfte beschützt.

Nichts gegen diesen Verein. Man tritt
    Ihm unfreiwillig bei, steht in den Statuten
Doch, wenn er sich an jenen vergreift
    Die diese nicht mehr unbedingt notwendig finden
Greife ich ihn an
    Im Namen der Freiheit
Die er zu verteidigen vorgibt.
Er ist nicht die Stütze meines Landes.
Die Stütze meines Landes sind die, welche denken
    Nicht jene, die mitmarschieren.

Armer Villard
    Das Töten verurteilend
Wirst du von einem Lande verurteilt
    Das aus dem Töten Profit zieht.
Deine Lauterkeit sei unser Vorbild.
Deine Tapferkeit werde die unsrige.
Die Tapferkeit, in einem Lande zu leben
    In welchem es langsam genierlich wird
Einem Bundesrat die Hand zu reichen.
Noch sind Wenige, die denken, doch die Mehrheit
    Stampft sie in den Untergrund
Stempelt sie zu Kanalisationsschweizern. So
    Untergraben sie denn als Maulwürfe
Den Boden, der dich trägt, mein Land
    Verändernd mit der Zeit
Was du unveränderlich hältst
    Einen besudelten Schweizerpass in der Tasche.

Anhang

Nachweis

Sätze für Zeitgenossen. 1947/48. Aus *Theater-Schriften und Reden,* Verlag der Arche, Zürich 1966. (Im folgenden zitiert als *TR*)

Das Schicksal der Menschen. Manuskript 1950.

›Heller als tausend Sonnen‹. Zu einem Buch von Robert Jungk. ›Die Weltwoche‹, Zürich, 7. Dezember 1956. Auch in *TR*.

Sätze für Unterdrückte. Manuskript 1956.

Die verhinderte Rede von Kiew. ›Schweizer Illustrierte‹, 13. Juli 1964. Auch in *TR*.

Israels Lebensrecht. ›Die Weltwoche‹, Zürich, 23. Juni 1967. Auch in *Dramaturgisches und Kritisches. Theater-Schriften und Reden II,* Verlag der Arche, Zürich 1972. (Im folgenden zitiert als *D*)

Tschechoslowakei 1968. Rede im Stadttheater Basel, 8. September 1968. Aus *D*.

Zu den Zürcher Globus-Krawallen. Manuskript 1968.

Über Kulturpolitik. Rede anläßlich der Verleihung des Großen Literaturpreises des Kantons Bern, 25. Oktober 1969. ›Sonntags Journal‹, Zürich, 1./2. November 1969. Auch in *D*.

Zur Dramaturgie der Schweiz. Fragment 1968/70. Aus *D*.

Sätze aus Amerika. ›Sonntags Journal‹, Zürich, 31. Januar bis 15. März 1970. Buchausgabe: Verlag der Arche, Zürich 1970.

Bericht über zwei Miniaturen. ›Sonntags Journal‹, Zürich, 23. Juni 1971. Auch in *D*.

Nachrichten vom Schloß. Unter dem Titel *Kafka and the News,* ›New York Times‹, 11. Juli 1971. ›Die Weltwoche‹, Zürich, 30. Juli 1971. Auch in *D*.

Der schwierige Nachbar oder Exkurs über Demokratie. In:

›25 Jahre Bundesrepublik Deutschland. Wandel und Bewährung einer Demokratie‹, herausgegeben von Pitt Severin und Hartmut Jetter, Molden, Wien/München/Zürich 1974.

Zwei Reden eines Nicht-Penners an die Penner. Anläßlich der Internationalen PEN-Tagung, Wien, 14.–20. November 1975. Manuskript. Wesentlich gekürzt in: ›Die Weltwoche‹, Zürich, 26. November 1975.

Erzählung vom CERN. 1976. Aus *Friedrich Dürrenmatt Lesebuch*, Verlag der Arche, Zürich 1978.

R.A.F. ›Deutsches Allgemeines Sonntagsblatt‹, Hamburg, 25. September 1977.

Über Hochschulen. Rede in Basel anlässlich der Verleihung des Ehrendoktors der Hebräischen Universität Jerusalem, 25. November 1977. Manuskript.

55 Sätze über Kunst und Wirklichkeit. Aus ›Text + Kritik‹, Heft 56: Friedrich Dürrenmatt II, München, Oktober 1977.

Rede zur Verleihung des Literaturpreises der Stadt Bern. Manuskript, 19. Juni 1979.

Schweizerpsalm I–III 1950/1950/1971. *Schweizerpsalm I und II:* Manuskript. *Schweizerpsalm III:* ›Sonntags Journal‹, Zürich, 23./24. Januar 1971.

Namenregister

Friedrich Dürrenmatt
im Diogenes Verlag